陳福成著

陳福成著作全編

第五十冊　公主與王子的夢幻

文史哲出版社印行

國家圖書館出版品預行編目資料

陳福成著作全編 / 陳福成著. -- 初版. --臺北市：文史哲,民 104.08
頁： 公分
ISBN 978-986-314-266-9（全套：平裝）

848.6 104013035

陳福成著作全編

第五十冊　公主與王子的夢幻

著　　者：陳　福　成
出 版 者：文 史 哲 出 版 社
http://www.lapen.com.tw
登記證字號：行政院新聞局版臺業字五三三七號
發 行 人：彭　正　雄
發 行 所：文 史 哲 出 版 社
印 刷 者：文 史 哲 出 版 社
臺北市羅斯福路一段七十二巷四號
郵政劃撥帳號：一六一八〇一七五
電話886-2-23511028・傳真886-2-23965656

全 80 冊定價新臺幣 36,800 元

二〇一五年（民一〇四）八月初版

ISBN 978-986-314-266-9 08981

陳福成著作全編總目

壹、兩岸關係

①決戰閏八月
②防衛大台灣
③解開兩岸十大弔詭
④大陸政策與兩岸關係

貳、國家安全

⑤國家安全與情治機關的弔詭
⑥國家安全與戰略關係
⑦國家安全論壇。

參、中國學四部曲

⑧中國歷代戰爭新詮
⑨中國近代黨派發展研究新詮
⑩中國政治思想新詮
⑪中國四大兵法家新詮：孫子、吳起、孫臏、孔明

肆、歷史、人類、文化、宗教、會黨

⑫神劍與屠刀
⑬中國神譜
⑭天帝教的中華文化意涵
⑮奴婢妾匪到革命家之路：復興廣播電台謝雪紅訪講錄
⑯洪門、青幫與哥老會研究

伍、詩〈現代詩、傳統詩〉、文學

⑰幻夢花開一江山
⑱赤縣行腳・神州心旅
⑲「外公」與「外婆」的詩
⑳尋找一座山
㉑春秋記實
㉒性情世界
㉓春秋詩選
㉔八方風雲性情世界
㉕古晟的誕生
㉖把腳印典藏在雲端
㉗從魯迅文學醫人魂救國魂說起
㉘六十後詩雜記詩集

陸、現代詩（詩人、詩社）研究

㉙三月詩會研究
㉚我們的春秋大業：三月詩會二十年別集
㉛中國當代平民詩人王學忠
㉜讀詩稗記
㉝嚴謹與浪漫之間
㉞一信詩學研究：解剖一隻九頭詩鵠
㉟囚徒
㊱胡爾泰現代詩臆說
㊲王學忠籲天詩錄

柒、春秋典型人物研究、遊記

㊳山西芮城劉焦智「鳳梅人」報研究
㊴在「鳳梅人」小橋上

㊵我所知道的孫大公
㊶為中華民族的生存發展進百書疏
㊷金秋六人行
㊸漸凍勇士陳宏

捌、小說、翻譯小說

㊹迷情・奇謀・輪迴、
㊺愛倫坡恐怖推理小說

玖、散文、論文、雜記、詩遊記、人生小品

㊻一個軍校生的台大閒情
㊼古道・秋風・瘦筆
㊽頓悟學習
㊾春秋正義
㊿公主與王子的夢幻、
(51)洄游的鮭魚
(52)男人和女人的情話真話
(53)台灣邊陲之美
(54)最自在的彩霞
(55)梁又平事件後

拾、回憶錄體

(56)五十不惑
(57)我的革命檔案
(58)台大教官興衰錄
(59)迷航記、
(60)最後一代書寫的身影
(61)我這輩子幹了什麼好事
(62)那些年我們是這樣寫情書的
(63)那些年我們是這樣談戀愛的
(64)台灣大學退休人員聯誼會第九屆理事長記實

拾壹、兵學、戰爭

(65)孫子實戰經驗研究
(66)第四波戰爭開山鼻祖賓拉登

拾貳、政治研究

(67)政治學方法論概說
(68)西洋政治思想史概述
(69)中國全民民主統一會北京行
(70)尋找理想國：中國式民主政治研究要綱

拾參、中國命運、喚醒國魂

(71)大浩劫後：日本 311 天譴說
日本問題的終極處理

拾肆、地方誌、地區研究

(72)台大逸仙學會
(73)台北公館台大地區考古・導覽
(74)台中開發史
(75)台北的前世今生
(76)台北公館地區開發史

拾伍、其他

(77)英文單字研究
(78)與君賞玩天地寬（文友評論）
(79)非常傳銷學
(80)新領導與管理實務

總序：陳福成的一部文史哲政兵千秋事業

陳福成先生，祖籍四川成都，一九五二年出生在台灣省台中縣。筆名古晟、藍天、司馬千、鄉下人等，皈依法名：本肇居士。一生除軍職外，以絕大多數時間投入寫作，範圍包括詩歌、小說、政治（兩岸關係、國際關係）、歷史、文化、宗教、哲學、兵學（國防、軍事、戰爭、兵法），及教育部審定之大學、專科（三專、五專）、高中（職）等各級學校國防通識（軍訓課本）十二冊。以上總計近百部著作，目前尚未出版者尚約二十部。

我的戶籍資料上寫著祖籍四川成都，小時候也在軍眷長大，初中畢業（民57年6月），投考陸軍官校預備班十三期，三年後（民60）直升陸軍官校正期班四十四期，民國六十四年八月畢業，隨即分發野戰部隊服役，到民國八十三年四月轉台灣大學軍訓教官。到民國八十八年二月，我以台大夜間部（兼文學院）主任教官退休（伍），進入全職寫作高峰期。

我年青時代也曾好奇問老爸：「我們家到底有沒有家譜？」

他說：「當然有。」他肯定說，停一下又說：「三十八年逃命都來不及了，現在有個鬼啦！」

兩岸開放前他老人家就走了，開放後經很多連繫和尋找，真的連鬼都沒有了，茫茫無垠的「四川北門」，早已人事全非了。

但我的母系家譜卻很清楚，母親陳蕊是台中縣龍井鄉人。她的先祖其實來台不算太久，按家譜記載，到我陳福成才不過第五代，大陸原籍福建省泉州府同安縣六都施盤鄉馬巷。

第一代祖陳添丁、妣黃媽名申氏。從原籍移居台灣島台中州大甲郡龍井庄龍目井字水裡社三十六番地，移台時間不詳。陳添丁生於清道光二十年（庚子，一八四〇年）六月十二日，卒於民國四年（一九一五年），葬於水裡社共同墓地，坐北向南，他有二個兒子，長子昌，次子標。

第二代祖陳昌（我外曾祖父），生於清同治五年（丙寅，一八六六年）九月十四日，卒於民國廿六年（昭和十二年）四月二十二日，葬在水裡社共同墓地，坐東南向西北。陳昌娶蔡匏，育有四子，長子平、次子豬、三子波、四子萬芳。

第三代祖陳平（我外祖父），生於清光緒十七年（辛卯，一八九一年）九月二十五日，卒於（年略記）二月十三日。陳平娶彭宜（我外祖母），生光緒二十二年（丙申，一八九六年）六月十二日，卒於民國五十六年十二月十六日。他們育有一子五女，長子陳火，長女陳鑾、次女陳燕、三女陳蕊、四女陳品、五女陳鶯。

以上到我母親陳蕊是第四代，到筆者陳福成是第五代，與我同是第五代的表兄弟姊妹共三十二人，目前大約半數仍在就職中，半數已退休。

寫作是我一輩子的興趣，一個職業軍人怎會變成以寫作為一生志業，在我的幾本著作都詳述（如《迷航記》、《台大教官興衰錄》、《五十不惑》等」。我從軍校大學時代開始寫，從台大主任教官退休後，全力排除無謂應酬，更全力全心的寫（不含為教育部編著的大學、高中職《國防通識》十餘冊）。我把《陳福成著作全編》略為分類暨編目如下：

壹、兩岸關係

①《決戰閏八月》②《防衛大台灣》③《解開兩岸十大弔詭》④《大陸政策與兩岸關係》。

貳、國家安全

⑤《國家安全與情治機關的弔詭》⑥《國家安全與戰略關係》⑦《國家安全論壇》。

參、中國學四部曲

⑧《中國歷代戰爭新詮》⑨《中國近代黨派發展研究新詮》⑩《中國政治思想新詮》⑪《中國四大兵法家新詮：孫子、吳起、孫臏、孔明》。

肆、歷史、人類、文化、宗教、會黨

⑫《神劍與屠刀》⑬《中國神譜》⑭《天帝教的中華文化意涵》⑮《奴婢妾匪到革命家之路：復興廣播電台謝雪紅訪講錄》⑯《洪門、青幫與哥老會研究》。

伍、詩〈現代詩、傳統詩〉、文學

⑰《幻夢花開一江山》⑱《赤縣行腳·神州心旅》⑲《「外公」與「外婆」的詩》、⑳《尋找一座山》㉑《春秋記實》㉒《性情世界》㉓《春秋詩選》㉔《八方風雲性情世界》㉕《古晟的誕生》㉖《把腳印典藏在雲端》㉗《從魯迅文學醫人魂救國魂說起》㉘《60後詩雜記詩集》。

陸、現代詩（詩人、詩社）研究

㉙《三月詩會研究》㉚《我們的春秋大業：三月詩會二十年別集》㉛《中國當代平民詩人王學忠》㉜《讀詩稗記》㉝《嚴謹與浪漫之間》㉞《一信詩學研究：解剖一隻九頭詩鵠》㉟《囚徒》㊱《胡爾泰現代詩臆說》㊲王學忠籲天詩錄。

柒、春秋典型人物研究、遊記

㊳《山西芮城劉焦智「鳳梅人」報研究》㊴《在「鳳梅人」小橋上》㊵《我所知道的孫大公》㊶《孫大公思想主張手稿》㊷《金秋六人行》㊸《漸凍勇士陳宏》。

捌、小說、翻譯小說

㊹《迷情・奇謀・輪迴》㊺《愛倫坡恐怖推理小說》。

玖、散文、論文、雜記、詩遊記、人生小品

㊻《一個軍校生的台大閒情》㊼《古道・秋風・瘦筆》㊽《頓悟學習》㊾《春秋正義》㊿《公主與王子的夢幻》51《迴游的鮭魚》52《男人和女人的情話真話》53《台灣邊陲之美》54《最自在的彩霞》55《梁又平事件後》。

拾、回憶錄體

56《五十不惑》57《我的革命檔案》58《台大教官興衰錄》59《迷航記》60《最後一代書寫的身影》61《我這輩子幹了什麼好事》62《那些年我們是這樣寫情書的》63《那些年我們是這樣談戀愛的》64《台灣大學退休人員聯誼會第九屆理事長記實》。

拾壹、兵學、戰爭

65《孫子實戰經驗研究》66《第四波戰爭開山鼻祖賓拉登》。

拾貳、政治研究

⑰《政治學方法論概說》⑱《西洋政治思想概述》⑲《中國全民民主統一會北京行》⑳《尋找理想國：中國式民主政治研究要綱》。

拾參、中國命運、喚醒國魂

㉑《大浩劫後：日本311天譴說》、《日本問題的終極處理》㉒《台大逸仙學會》。

拾肆、地方誌、地區研究

㉓《台北公館台大地區考古・導覽》㉔《台中開發史》㉕《台北的前世今生》㉖《台北公館地區開發史》。

拾伍、其他

㉗《英文單字研究》㉘《與君賞玩天地寬》（別人評論）㉙《非常傳銷學》㉚《新領導與管理實務》。

我這樣的分類並非很確定，如《謝雪紅訪講錄》，是人物誌，但也是政治，更是歷史，說的更白，是兩岸永恆不變又難分難解的「本質性」問題。

以上這些作品大約可以概括在「中國學」範圍，如我在每本書扉頁所述，以「生長在台灣的中國人為榮」，以創作、鑽研「中國學」，貢獻所能和所學為自我實現的途徑，以宣揚中國春秋大義、中華文化和促進中國和平統一為今生志業，直到生命結束。我這樣的人生，似乎滿懷「文天祥、岳飛式的血性」。

抗戰時期，胡宗南將軍曾主持陸軍官校第七分校（在王曲），校中有兩幅對聯，一是「升官發財請走別路、貪生怕死莫入此門」，二是「鐵肩擔主義、血手寫文章」。前聯原在廣州黃埔，後聯乃胡將軍胸懷，「鐵肩擔主義」我沒機會，但「血手寫文章」的

「血性」俱在我各類著作詩文中。

人生無常，我到六十三歲之年，以對自己人生進行「總清算」的心態出版這套書。回首前塵，我的人生大致分成兩個「生死」階段，第一個階段是「理想走向毀滅」，年齡從十五歲進軍校到四十三歲，離開野戰部隊前往台灣大學任職中校教官。第二個階段是「毀滅到救贖」，四十三歲以後的寫作人生。

「理想到毀滅」，我的人生全面瓦解、變質，險些遭到軍法審判，就算軍法不判我，我也幾乎要「自我毀滅」；而「毀滅到救贖」是到台大才得到的「新生命」，我積極寫作是從台大開始的，我常說「台大是我啟蒙的道場」有原因的。均可見《五十不惑》、《迷航記》等書。

我從年青立志要當一個「偉大的軍人」，為國家復興、統一做出貢獻，為中華民族的繁榮綿延盡個人最大之力，卻才起步就「死」在起跑點上，這是個人的悲劇和不智，正好也給讀者一個警示。人生絕不能在起跑點就走入「死巷」，切記！切記！讀者以我為鑒！在軍人以外的文學、史政有這套書的出版，也算是對國家民族社會有點貢獻，對自己的人生有了交待，這致少也算「起死回生」了！

順要一說的，我全部的著作都放棄個人著作權，成為兩岸中國人的共同文化財，而台北的文史哲出版有優先使用權和發行權。

這套書能順利出版，最大的功臣是我老友，文史哲出版社負責人彭正雄先生和他的夥伴們。彭先生對中華文化的傳播，對兩岸文化交流都有崇高的使命感，向他和夥伴致上最高謝意。

台北公館蟾蜍山萬盛草堂主人　陳福成　誌於二〇一四年五月榮獲第五十五屆中國文藝獎章文學創作獎前夕

自序

本書分兩部份，雖曰「夢幻」，卻是半生歷史的「眞實」流轉。

第一部：憂愁公主的心事

憂愁公主心中想甚麼？憂愁甚麼？

數十年來，我始終讀不懂，當讀懂時，來不及了

若能及早讀懂，可省五十年光陰。

第二部：懵懂王子的大夢

每個人都會做夢，大夢小夢不同。

夢要有機會，有方法，可實踐才有意義。

懵懂王子的大夢，四十年前至今，仍只是大夢，有的已是夢幻。

請你來讀我的大夢

懂了，也能省五十年光陰。

公主與王子的夢幻

目次

第一部　憂愁公主的心事

第一年

年少已知愁滋味

嗨！大男生：

對初識不久，比我大幾歲的你，頗有活力，人開朗積極又直接，應也是一個好青年，要怎樣稱呼呢？大男生。

夜更深，人更靜。是最好思維的時辰，此刻，你進行何事？伏案揮筆成章，扶顋回憶往日，計劃未來？又或許入了美麗的夢鄉。不知爲何？與你初識不算太久，卻像很久的感覺。

近一個月來，忙著整理生銹紛亂的腦袋，更也爲了三餐，天天在屋瓦，太陽下來回奔跑，你呢？

現在我已能適應傳統世俗壓迫，不是嗎？我不能再有不成熟語句了。人生本得著一部份，就得失去一部份，何須硬要祈求什麼？榮辱得失總成空，悲歡恩怨原是夢！低嘆多沉，迷惘多深，又能解決什麼？

許多人們總說：男女間沒有眞正友誼存在。你說呢？我願這段值得回憶的日子，屬於友情，更希望往後的日子，永遠在友情線上。友情是需要珍惜，失去了永難追憶，你我能做得到嗎？能的，對不？

「提得起，放得下」，幾許人辦得那樣灑脫，那樣乾脆，再瀟灑的人，還是會一

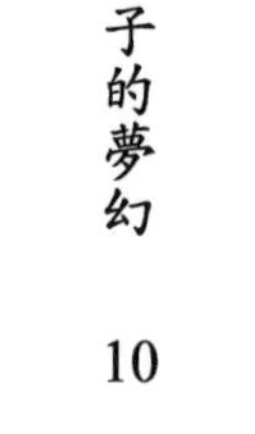

股惆悵積藏心胸。

不能否認，男人一生只有事業。而女人是家庭及愛情，更無可否認，愛情本身沒有錯。只是它卻是痛苦和煩惱的延續，因而我認爲太重感情並不理智啊！

多少辛酸，怎能成語，幾層思量，還是無奈，眞是人生長恨水長東。如果一開始都不認識多好，沒這些煩惱！

祝福不能把誠心道千分之一，讓我內心默默祈禱吧！認識你不算久，不知該說或能說些甚麼？只是這陣子我好像比以前有了一點「方向感」，心裡也踏實溫暖許多，也許認識你是我「好命」的開始。

一月十五日　今今

男孩，頭腦清醒又有方向感的大男孩：

執著筆整整呆了一個鐘頭，我不曉得要塗抹什麼才好。人生眞諦的浮疑又重現在我腦海，人原本不過如此哦！好恨自己無法掙脫那層道義責任。渺渺茫茫，混混沌沌的渡過這幾年的流浪生活，我獲得些什麼？我獲得些什麼？

不知你有否聽電視那位氣質極佳（至少我認爲）洪小喬唱的一首歌，愛之旅啊！多脫俗的情感。

如果人生眞的像這首歌，那該有多好！有多完美！可惜大都不是，甚至我未曾見過。人世間眞是詭異得很，可能比地獄詭異。

關於聯考，我會盡力讀，你的鼓勵，我很感激。「水往低處流，人往高處爬」，誰不想自己能朝自己的目標理想前進。但終必須克服周圍環境與困難，才得到達所望。

我們女生，尤其是我，有著太多的夢，又想要實現那一個個的夢想，卻又怕那一個個的夢幻，我不知道爲什麼？是否我對人生沒有信心，或自己沒有毅力？父母、家庭、弟妹還有自己，把自己壓得透不過氣來。我很擔心把自己的夢也壓碎了。

如果我把自己的夢壓碎了！

世間的愛還在不在？山間的花還香不香？鳥兒還唱不唱歌？地球還轉不轉？

最重要的，你我的情誼還在不在？告訴我。

二月五日　今今

男孩，精神抖擻的革命軍人：

依稀記得唐詩中有句：「君問歸期未有期」，讓我更正：「君問日期未有期」。遊山樂水這是吾等年青人祈望的，偏卻有那許多世俗擾人的事纏身，套你講的「來日方長」。相信有機會我是會去，好讓你這位並未大得讓我稱「大」的哥哥嚮導一番。

今天天氣不錯，心情也很開朗。白天去當完「工人」之後，黃昏夾著兩本書趕著當「學生」。不過上課時心不在焉，老是想以前幾天我們相處的情景。對你的印象不錯，至少這段時間改變了我少許生活環境，加闊了我的生活領域，有一點點寄託。只是我說不上來，到底寄託些什麼東西？只是感覺好些！或許我該慶幸我們的認識吧！

晚上回到那空空靜靜的宿舍，唯一的室友不知野到哪裡去了。把唱機打開，聽一支曲子，到十二點還沒睡意，不知心中充滿些什麼？

和軍人做朋友——尤其陸官的，眞是頭一次。出社會多年了，第一次和陸官學生接觸，覺得很新鮮，生活上好像比較有活力。

黃埔青年果然大不同，你們總是抬頭挺胸，人生觀很主動積極，生活作息有規矩，也充份表露你們的自信心，單憑這些對我們女孩子就有些吸引力的優勢。因爲這些氣質正好是身爲「男人」所應有的，我的「感覺」對嗎？還是我有崇拜英雄病？

或許是我散漫、頹廢太久了，所看到時下一般青年也大多懶散、隨便，其實好女孩是不喜歡那樣的。與「黃埔青年」交朋友很新鮮，有陽光，希望對我有正面的影響。

三月十九日　今今

男孩，有為健康的大男孩：

鈴一聲，下班了。舉起腳步，衝出公司，算得今日綠衣使者將送你的信來。果然！一封黃色的信躺著等我，拆開看見，還要生大氣，早氣夠了。本來，憑我的程度怎寫得「天馬行空」的文章，少挖苦我。

我想不出我那兒進步？又是變在何處？比起你們大學生，我算那門？不跟你抬槓，讓我抄一首詩，雖不很美，確有過某些構想：

三百六十五個晨昏，織成一整年想念。
心靈的那角青草地，長滿旅程的苔痕。
死亡或許是好的，無非另一型態的燃燈。
如月下飄過一朵雲。
像夜空閃逝的一道銀線，落霞，恰似臨走一刻。
誰料離人淚，都化楊花瓣瓣，正因為歸去，
難割捨的情，是永不斷的絲。
把別後的想念都交給天空的飛鳥。
我不住長江頭，你也不住長江尾，不知用何舟。

可以航我的情去你的港埠。

此時，我只想找個安全的地方，歇一歇。如果不能——有兩小時的安靜，讓我大睡一覺也是好的。

有時我會抱怨自己，抱怨命運，抱怨父母，抱怨這個生存的環境，讓我一個十八歲的女孩獨自流浪，誰來助我。真的我不去想，卻又思潮陣陣。男孩，你說我該怎麼辦？

我知道自己天生有幾分感傷特質，又似乎一種叛逆，不愛流俗，不受拘束。所以，我總在流浪。人雖定了，心還在流浪，眞是自作自受。

四月十二日　今今

咳！軍人，你浪漫嗎？

雨不知何時停了，悄悄的月兒自雲中伸出頭。亮亮的，擁一懷風的灑然，擷一朵花的詩情。

又是週末，對我來言，它跟每個日子並無異樣。有時覺得好充實，但又有時空虛得很。不該是一大堆矛與盾組成萬個矛盾的細胞，萬個矛盾的血管，萬個矛盾的神經，萬個……。

六月九日學校舉辦園遊會，可惜你不在台中，不然請你來參加，嚐嚐我同學的拿手烹調，觀賞我同學精彩表演。還有很多漂亮的姑娘，男生們看得眼睛都快扭酸了。

至於十六日我不知能去嗎！因三年級畢業典禮，若要溜之，或許有點阻力，且不管它，到時再說吧！

啊！希望明晨是個晴朗的好天氣，如此便能出去跑跑，吸吸新鮮空氣，看看青絲的翠木花草。

夜已經很深了，風微微地吹著，露水沾溼我的衣襟；淡淡的月光洩了一地，我望一望天空，月明星稀。此刻萬籟俱寂，心神寧靜。現在我的一顆心好像常要想起你，此刻，你應在夢中了。

也許就在這一夜，李白吟出「欲上青天攬明月」妙句。也許就是這樣情景，張九齡留下「海上生明月，天涯共此時」的磅礴境界。或者就是此刻，蘇東坡揮下「明月幾時有？把酒問青天，不知天上宮闕，今夕是何年」的名作。我認爲若貝爾文學獎都該發給他們才對。

六月一日　今今

哲學家男孩：

現在對你的感覺像哲學家，思維邏輯清楚，因果關係推理也好像有些「道理」，看事情也頂深入的，對我又多了一層新鮮。

今夜是農曆十五日，可是室外充滿一片黑暗。沒有星光，月光，她們讓厚厚層雲壓扁了，怎看得見！你說過，太陽下山，明早依舊爬上來。月亮同樣有圓缺時分，我知道，明晚她們會撥開層層浮雲，露出皎潔光輝，也許是後天，下個月，總有一天。

何時校園鳳凰木又開滿朵朵花蕊，卻又落了遍地，「知了」蟬也開始鳴了。哦！六月了嗎？那麼快！

這個月內我可能又要飄流到外地流浪了，說來糟！還未知將盪至何處？想起了一首詩：

是誰多事種芭蕉，
早也瀟瀟、晚也瀟瀟，
是君心緒太無聊，種了芭蕉，
又怨芭蕉！

且不管我浪跡到何處，待我安定自然會向你聯絡。與你相處可以得到一些安慰與鼓勵，否則我可能早就倒下去了。現在我懂得微笑，也懂得如何接受不如意。待我尋找到一處容身之所，第一件事就是提筆給你寫一封「平安家書」，滿意吧！

其實我是既傳統又現代的女子，我生性是不拘禮教，有時會得罪人，但願沒有使你不快。不過若我有不是之處，也歡迎你提出指正，我會盡力改變自己錯誤的地方。

上回碰面時你說了很有哲理的一段話，「是一朵花就是一朵花，是一片雲就是一片雲，是甚麼便是甚麼？萬事萬物各有本質，各有他的樣子。」我想也是，所以人應該做他自己的「樣子」。

我是「女人」，我要像一個女人，如果有那種不像，可以直接告訴我，行嗎？一個新的我會慢慢形成的。

六月十五日　今今

男孩：

書收到了。言語，紙筆表達不出我內心十分之一，讓我默默感謝，遠方的你是否知曉。眞的！我已不再悲傷，環境早將我訓練成一副「不在乎」！

問我升學？工作？能做的是工人和學生雙重身份外，我又得怎麼去安排？有少許夢想，卻爲了尋覓永不可得的抽象，而任其在風雪裡凍僵。生命不一定要脫俗又超凡，只要有愛就充實了，那怕平凡的愛，依舊也是永恆。

我發現人世之間最要緊的是「愛」，而不是名利地位，或權力頭銜什麼的。

也許從小我就生活在愛的貧民窟裡，我渴望著有一種愛，就像「甜蜜的家庭」那樣的愛。我不敢奢望有永恆的愛或豐盈的愛，只要有一點點，一些些，夠維持我的體溫就行了。奈何，十八年來我的心始終冰冰的，未曾遇見太陽。我向天空呼喚吶喊，太陽都躲到那裡去了。

從我的生長經驗似乎得知，愈是有錢的地方，愈是大的家族，就愈是找不到愛。而人們卻拼命要去賺錢，豈不離愛愈遠嗎？男孩！告訴我原因。

六月三十日　今今

男孩：

爲什麼？你要講「如果沒有我，妳現在一定很愉快」。認識你以後，我人生觀改變了許多，懂得如何去充實自己，而不再悠悠感月吟風多事，落落寡歡，相信我！

滿腹的言語，卻無能多寫出，讓沉默流連，無言本勝有言。讓明月靜靜昇起，人們只須默默觀賞吧！

一圈圈的漣漪，總叫人跌入深深的思域。「整圈兒是團圓，破圈兒是別離」。世間若無破圈，人生若無別離，多好！

課餘的時間，多給我信，好麼？我想要多吸取養分。

有人說：靜夜宜沉思，不宜作夢。但！今夜，我盼有個濃濃的夢。男孩！你喜歡作夢嗎？入我夢來吧！

每回做夢都是圓圓的，醒來時就破了。所以我總不愛回到現實世界來，這裡太痛苦了。我知道這是不對的，然而我祈禱老天改變我吧！

告訴你一個天大的祕密，我曾祖母是袁世凱的地下第「九姨」，沒有名分的，我的家族從上上代到我母親都不很「正常」，錢是不缺，但缺少愛。我讀初中就愛逃，在外一人打天下，只想過自己的生活，這就是我，不喜歡那個家。七月十一日　今今

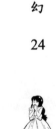

可敬的男孩：

為甚麼叫你「可敬的男孩」？你是標準的革命軍人，前陣子看你像個哲學家，這些時候讀你的信，更像個文學家。說實在，你文章寫得很好。

一陣雨後街道溼漉漉，我喜歡細雨，每次總會神經兮兮的任雨淋，雨灑！這陣子，我心中也常有細雨，灰濛濛的。

七月是遊玩的季節，美中不足的是功課告一段落，公司裡又忙起來了。正在趕外銷，人和機器一樣忙。

八月你將至橫貫公路，是遊覽嗎？那是美得令人形容不出的好地方。我去過一次，雖已隔一年，仍歷歷如繪，彷彿又在其境。蘇花公路迴轉驚險，看不清深處的絕谷，一望無際的海洋，波波浪花衝擊岩石，當時心胸多麼無憂，多麼開闊。花蓮市夜裏窮逛買名產，橫貫公路太魯閣到慈母橋，更有那沿路大大小小如白布條的瀑布。

大禹嶺穿棉襖似大狗熊，營火會中大伙的歡笑。置山霧裏，卻像駕輕雲中，說不盡有多少美的景緻。但！唯可惜不是冬天，無法欣賞平生難見的雪，嚕嗦了一大堆，你會嫌我「雞婆」嗎？

七月十七日　今今

男孩：

正逢颱風季節，綿綿的雨水似乎下個不停，稀瀝稀瀝。今天禮拜日，回到家，豪雨阻擋，是我舒筋骨的時間。屋後是座長長的小山，學生時代，它是我的天地。不如意它是發洩之處，快樂它是我笑聲洋溢的好聽衆。

遙望山下，一片青綠，點綴紅瓦老屋，更有一列列火車馳駛而過。常想，蠕動的車廂裡也許有我朋友親戚。

有機會歡迎光臨寒舍，我將帶你到「名山」逛逛，它的芳名叫「牛腳山」。我家眞的有一個很大的後花園，帶你去看！

我喜歡瀟脫的生活，過往的那些日子，常是一個人到處漂泊，倒也自由自在，玩了不少地方，交過一些朋友，但沒有一個是可以長久的，感到這世間很現實、危險又孤獨。

不過，今晚很豐盛，有你的書、你的信；窗外有群星閃爍，路上有燈，都來和我作伴，頂豐富的。

老早我娘常說我野，不但野而且任性。不知你心目中的我野不野？任不任性？因爲我想爲自己多活一些，不知這樣的我是否又錯了？我有我的「樣子」嗎？

今晚九點多雨稍停，雨後清新，我到外面山坡散步。風，陣陣地吹過來，好涼哦！望著灰朦朦的月色；，想著這一天的種種，想這多年的遭遇，想到自己老缺不圓的命運，想到這人生如月明月暗。直到快十一點，遠處燈火點點，我猛然覺醒這是現實，不是虛無縹渺的夢幻。

看吧！我又在做夢了，我從小愛做夢。小學時同學們就說了，「妳說的夢話我們都聽不懂吔！」初中時我媽也說「做妳的大頭夢吧！」怎麼芳齡一把了，還有做夢。眞是不長進！

如果我一直愛做夢，又不長進，我「授權」給你，好好教育我。別讓我太野，也別讓好太任性，好嗎？眞心的。

七月二十二日　今今

可靠的男生，你讓我這樣感覺，便如此稱呼：

流浪聽起來好像很浪漫，打從初中我常在外流浪，至今。但這些年來，我找不到人生的方向，生活也過得頹廢，從不反省，遇到你，我開始有些反省力。

現在我再不能講：「我不累！」拖著疲憊的身影，回到宿舍，看完你的來信，我突有滿懷心語想在紙上與你訴說。五日冰果店的談話，更證實我對你的觀感，也讓我比你還要堅強。一個人原本要活在「自我」，「對」！就朝它走去，失敗了，不是沒盡力，而是上帝的安排。

今天，望著你趕車，我，只能默默瞅著你，言語無從，並那樣盼你更快樂，等你回來。

昨晚是個很美的夜，天上的星星，遠處閃爍的燈海，亂七八糟的歌聲，我將永遠不會忘卻，有天我相信我們能一道去征服雄壯的山，清澈的溪河！

突然，我感覺到只有從你那裡方能得到安慰和快樂，而我卻又沒有信心，是否你能永遠給我安慰與快樂，永遠的！我怕這一份情意會驟然飛逝。

這份要求算突兀嗎？因爲信任，所以有求，你能理解嗎？

八月九日　今今

男孩：

接連兩封信，得知你旅途不壞，值得安慰。情趣，詩意不是自己找嗎？啊！別介意我的辛勞，那是有無比代價存在，但願果實是甜美。

「知我意，感君憐，此情須問天」，有你鼓勵，你眞情，內心那股溫馨是永不會熄滅的，更信心具備，只等衝過陣陣艱辛。因爲有你，我才更勇敢。

現今你在何處呢？天邊的一輪明月，勾起多少遐想，剛剛獨自散了一會步，生活並不要多采多姿，充實最緊要，是不？如你與知友雙雙翱翔。

認識你，我好幸運，「三人行，必有我師」。許多方面自嘆不如你，沒關係，你會慢慢教我，常常我覺得一樣事總心不在焉，最後一知半解。時間怎麼變得這麼長，像過了一世紀。

八月十四日　今今

男孩：

樓下電視吵得震耳，百般無聊和千萬不奈，還是善加利用這十毛錢吧！

昨晚眞不知因何累成那樣，握手的剎那，你知否？多想緊緊抓住。所能做的，卻只是眼望著你消失在人群中。一陣惆悵湧上心胸，喧嘩的鬧聲阻止不了我空洞的腦海依舊，捽捽頭，別想！

此刻，我有足夠精神，代表女性反對你那搬描寫唐明皇楊貴妃的話，身是女性有許多你們男子沒辦法瞭解。女人並未全是「禍水」更不那麼容易居被動，雖現講「男女平等」，還同樣被壓制，被捆綁。總覺得女子是悲哀，稍有點錯誤，彷彿犯了滔天大罪。於此，我再論不下去……。

記得曾對你談一句話，我很不喜歡自己，眞的！

在桃園時，甚至不管本身病痛，不時故意餓它幾頓，飯後猛運動。你定不相信，好恨母親給我這條生命，有了你，或者會改變些。

也許季節嬗變，我們也要迎接多變的景色。歲月雖然流失，但願消逝的不是那一份生命中的豐盈。

八月二十日　今今

想念的男孩，可愛的男生：

更高興接你信，滿以爲你到了斗六，誰知你卻相反去了北部。望你能在那兒一切順心如意！也盼你早些回來。中秋是否返台中？我或許回鄉，家到底是目前最親近之處，和家人團聚賞月同樣有情趣。

我不曉得該怎麼表達，只覺得心裡好溫好暖。照照鏡子，似乎一張臉變得好圓好圓，再不會拉得長長的。昨天到學校，八月三十一註册，九月五日正式開學。三年是短是長？需要多少勇氣和毅力克服，天知道，它並不易捱！

關於書籍，共十一本，還是全買。你大概沒有，牙關得咬緊，學費及其他至少兩仟塊以上。別愁！我自個會預算，放心，眞的！

你不是說：「千言萬語，不如自家珍重」。我會待自己很優厚，而你也要保重，天氣漸涼了，多加衣服。

慘極了，剛貪吃，削個梨把手給割了個大洞，痛死我了！活該，對不！

「紅豆生南國，春來發幾枝，勸君多採擷，此物最相思」，我有百來粒，卻沒有相思的感覺。那是去年在我家後山採到的，紅得發亮，頂美的就是。

此刻我似乎體會到對你的關心是一種快樂。這種感覺很奇妙，總之，看你人，看你信，都很快樂。

八月二十七日　今今

敬愛的軍人，向你敬禮，眞心的。

九三軍人節過得還好吧！大概不壞！

看完你信，你知道我想什麼嗎？眞該揍你一拳且得重重的，蓋得天花亂墜，你這張嘴就是會蓋，我可差點讓你蓋倒，幸之沒有也！

九月八日正式開課，相信我所有困難都可以克服。今天託人幫我以名字算命，他說我個性太強，自尊心很重，凡事總要找個理，喜歡爭論，自己也弄不清是否正確。好玩嘛！才不信這一套，都是鬼扯！

怎麼辦？晚上又得做夜遊神，已十一點多了，大伙兒已呼呼睡著，而我仍坐在日光燈下發神經。百分之百你又要大道理一番的說教，其實睡不著是好現象，至少夜裡比白天靜，宜於思考！

上星期日原打算至霧峰找風喬，怎曉得我大妹趕來叫我回去。無奈失約沒去，風喬希望她不會生氣，不然，我可就糟了。因中秋不能和她共渡，她這一氣，罰我吃空氣加咖啡，怎行？願中秋你能回台中，但我不敢抱太大冀望，要明白「希望愈大，失望愈大。」

記得小時候，我外婆最會講故事，哄我們睡。我知道你善長於此，現講段我聽吧！

或者我會擁有好夢哪！美麗的天使，請你入我夢鄉，讓我對你禱告，全世界永遠和平安祥，人類永遠健康快樂……。我只要兩個美夢就夠了，我不貪心。

有人說女人是花，有了花，春天變得明媚爛漫；有了花，人們臉上綻放出一朵朵的微笑。而我認爲少女更像是一段夢，無頭無尾，來去無痕，似有似無。

明天上班又打瞌睡了，擱筆爭取幾分睡眠。

九月四日　今今

我的男孩，現在很想把你佔爲己有。

與你兩天的假期，如夢般過了，也如夢般的甜蜜，所以現在很想把你「佔」爲己有。梨山，希望屬於我倆永恆美麗的回憶，他日定要再去。

我的軍人，我不知道這星期是怎麼過去的，像百年萬年，又似一分二分，總是茫茫，混混。一直想寫封信給你，奈何提筆望紙，下不了半字，腦海就是亂七八糟，許多事變得好無奈。吃飯，睡覺，上班……除了上課必須有勁以外，一天，兩天，三天，四天……多少個二十四小時溜逝。有時發現生活如此，可怕矣！

你已調到田中了嗎？軍中忙嚒？休假無妨多回台中，別吝嗇你的筆及紙，你的來函，知否對我改進不少。

我們之間是否要講「過意不去」和「抱歉」呢？諒解互信已是彼此心中的默契，對嗎？徐志摩有首「雪花的快樂」：

假如我是一朵雪花，
翩翩的在半空裏瀟灑，
我一定認清我的方向，——
飛颺，飛颺，飛颺，——

這地面上有我的方向。

不去那冷漠的幽谷，
不去那淒清的山麓，
也不上荒街去惆悵——
飛颺，飛颺，飛颺，——
你看，我有我的方向！

在半空裡娟娟的飛舞，
認明了那清幽的住處，
等著她來花園裡探望——
飛颺，飛颺，飛颺，——
啊，她身上有硃砂梅的清香！

那時我憑藉著我的身輕，

盈盈的，沾住了她的衣襟，
貼近她柔波似的心胸——
消溶，消溶，消溶——
溶入了她柔波似的心胸！

好一個浪漫不拘的徐志摩，哪來如此堅定的方向感。而我滿懷求生的意志，卻怎麼也找不到一個能讓我「消溶消溶」的好方向。還在細細回憶梨山的兩天假期，優美、甜蜜、浪漫，期待再有。

人的感覺心境眞奇妙，我以前讀過徐志摩的詩，從未有如此的深刻心境。與你在梨山浪漫兩天回來，重讀他的詩，便覺得他的詩是寫給我的。而你，成了徐志摩。

告訴我，你是徐志摩嗎？啊！當然不是，我眞是傻得可以，或我天生任性又愛作夢，儘作些怪夢吧！

望你入我夢來，白日或夜晚都可以。

九月二十六日　今今

男孩，我的夢中人：

是的，又是將週日，同樣，我多盼望能和你一塊，卻只得在夢中。實在讓我嘆氣，我愈來愈想念你。

再一禮拜學校就要月考，各科目總一知半解。下了功夫，卻沒有收回成本，我也無可他法，沒吃個大鴨蛋，夠好的了。並不是我自信心不強，而是我天生庸才，奈何。

想做的事眞太多太多，不明白時間溜到那兒去了。總是嫌匆促！許是我安排不妥吧！以前浪費太多時間，如今只想追回。

國慶如要來，下午吧！我看遊行只一上午要你在我窄室中等，有點不好意思，況且書和唱片少得可憐！

末了！送你以前常說要的東西，雖不漂亮，但，可是我誠心之物，猜猜看，是什麼？一定要猜，不然，我不依！

十月是光輝的節日，普天同慶，一片歡樂。我不求自己如太陽之燦爛輝煌，但求如星月之亮麗寧靜，如是而已。

十月五日　今今

男孩：

幾天來，氣候一直變幻莫測，冷冷的風刮著，流蕩著。披星戴月來來又回回，我不知道那是否爲了過個美滿的人生和有意義的生活！也許是吧！

此刻該是月明西窗之時，那皎潔淡黃的明鏡，美是美，過些日子，她又得消失了。其實，你說天塌下，有啥了不起，對極了。出世就必須具備奔放心胸，豪邁性格，要不，這歲月如何把握。多少人注重「得失」問題呢？往往只積極「得」的方面，「失」像是嚴重的要命。人類若排除「自私」，人間應屬天堂。可惜矣！一樣的白米，養百種人。誰能讓這世界平衡，上帝？玉皇大帝？菩薩？

許多人天天嘴上掛著「人不自私，天誅地滅」，好像這是正確的人性。不過我不懂，總覺得怪怪的，覺得許多禍害種因於「自私」，你說呢？

十一月六日　今今

我親愛的男朋友：

算算二十四小時無數，可好？剛回學校相信一切漸在就緒中吧！兩天兩夜與你暱在一起，而今……不習慣。

那段歡樂時光，記否？生命旅途，有多少漣漪組成。靜深的夜裡？一首小詩，片段記下：

千萬別道出你的愛情，
愛是不能告訴的啊！
因爲，溫柔的風流動，
總是隱隱地，靜靜地。

在你身邊輕聲說句「晚安」，並祝福你夢甜，也願我同樣。把愛藏在你我心中，千年、萬年……

「夢裡是否有你，但看今夜你想不想我。」

十一月十四日　今今

男孩啊！日夜想念的人：

像失落什麼似的，覺得好不對勁！原來……許久見不著雨，那絲絲滴滴。雨下多了人煩，不下人也煩，如每週下一次多好。

附近人家種植的聖誕樹，火紅般爭開著，有點似七月裡的花。每年七、八月的鳳凰；九、十月的菊花；十一、十二月的聖誕紅。當季花開放，就代表一個開始。凋謝了，代表一個結束。許多事有開始，卻未必有結果！

記得你說過，當軍人必須得有一股幹勁，那種「清閒農夫」不適當。說實在我卻想過那種比較無憂的生活，較複雜的圈子，我害怕應付接觸，只因我無能去面試！今夜此刻，千山外，你在作什麼？想什麼？

最近老常失眠，晚上躺在床上東想西想，想自己，想你。想我們往日的歡樂，一幕幕像演電影（不指我們感情像演電影），多難忘記！但願美好的開始，建立美好的人生。

十一月二十四日　今今

親愛的男孩：

爲何要對我那麼好！別對我太好，眞的，別對我太好，眞的……別……。

人與人之間貴在相知，不光是付出同情，而是互相共勉。如風喬所講，人捧人，才能愈捧愈高，所以你常捧我。

你勇敢，堅強，時下男孩能有幾個如你？我願自己也跌不倒，不會搖搖欲墜。一直對自己未曾有個信心，功課，家庭，甚至感情……多多又許許。

回家看到栽種的菊花開了，竟是純白，摘兩小片給你！夾在你的書中，讓它永遠是一片小祕密。

常會爲取捨難定，恨沒果斷本性。

讓我唱一支歌給你聽，以報答你對我的關心，遙遠的你，是否聽見？外面的風輕吹，願它把我的祝福飄向你。出現在你夢中。

十二月九日　今今

男孩：

已深夜兩點多了，我不想睡，看著你的來信，不禁啞然失笑，你是個好可愛好可愛的男孩。

記得在桃園時，就常和你們男生玩得天花亂墜，可是我忘了那是怎一回事。反正，笑笑，談談，玩玩，誰認眞，誰倒霉！如此而已，想起那時眞莫名其妙。

瞧，你及劉，于二位大哥，雅興不淺，很羨慕你們。此生最可恨是：上帝不將我創作男孩，無法學得瀟灑。果若有空，我倒想跟我那幾個寶貝妹妹玩辦「家家酒」，人老心不老！

在我們女生的感受裡，你們男生碰到女生總是不打「好主意」，不知是否普遍如此，還是少數「受害者」的抱怨。

不過，你對我打的「主意」，似乎不壞！所以我亦不反對，且願意去接受。又所以囉！在我身上你還是想打那些主意，現在都可以說明白講清楚，你說要去梨山玩兩天，我不是也去了嗎？

啊！兩天兩夜、三天三夜、十天十夜……只要有機會，我願與你雙宿雙飛，直到永遠！永遠！

十二月十二日　今今

男孩：

近幾天來，有件事煩憂著我，而卻是我自找的。別人是解不開的，該順其自然？抑或快刀斬亂麻？

下雨了，怎麼又下雨了，到台中瘋了回來，坐也不是，站也不是。天！怎弄成這地步！

眼淚！我痛恨它，它竟人們口中的懦弱，是的！吞下它吧！這此生啊！總是那麼多的不如意！

倔強是好？是壞呢？有時候，我總向別人拼命搖頭，失望的眼神令人心酸。想堅持一件事情，但有時又缺少些決心。

軍人，認眞抓住吧！你是個好男孩，我相信你。只是時間像一堵牆，我無法預料，等我攀過牆頭時，會是如何一個心境。控制自己？你不懂的！

我發現人與人之間，如果仔細分析下去，差異越來越大。甚至我覺得人便是不能完全溝通的。父與子，母與女，姊與妹，朋友間……都不可能的。

敬愛的軍人，你說呢？我們充分了解和溝通嗎？

十二月十四日　今今

男孩：住在我心房的男生。

匆匆的一個星期又流逝，吃過午飯，隨著人群擁上公車，下了車。茫茫無從逛起，走一步算一步。七彩燦爛的賀年卡，都好好看，只是我無暇慢慢去欣賞。叮叮噹噹的風鈴，可惜！沒有臨窗的好掛處。不然，那清脆的聲音伴我一天的奔波，疲憊……。

六、七千個日子裡，我找到的是如空氣般的飄渺。何處有眞正談心，看書，無目地逛街的好友。其實，我也是不願意人們闖進我圈內，能孤獨，多自由；幹嘛拉個臭味投不上的擁成一塊兒，彆扭死了。

十多年來我在找一樣東西，在家裡時沒尋著，到了社會還是找不到。那也說不上來要找的東西到底多長多高多大，只覺得那是很重要的東西。

我的夢，越來越複雜。也愈來愈不了解自己，不知道自己要甚麼？或不要甚麼？尤其，有時看你的背影愈來愈遠，這種複雜的感覺就浮上心頭，我怕……

或許，當我們暱在一塊兒，我感到安全又快樂，當你走遠，我好孤單。

十二月十六日　今今

我的男生：

人，來自何方？又去向那兒？像宗教所言，天堂，地獄嗎？喃喃低語……。

我一直要自己能比別人強，天意卻要我遜人一等，我無奈！更不甘！

近日又發生「莫名奇刹」的事，應告訴你嚒？還是讓你元旦返家，再詳說吧！一言難盡！

望風兒爲我轉萬句話與祝福。

心事重重，卻不知對誰說，只好對你說。你是我的第一個可以傾訴心事的男生，你天天聽我訴心事，煩不煩？聽說男生最討厭人家煩他，偏偏女生就是天天喜歡煩人。

我的男生，你煩不煩？爲甚麼現在的我老愛煩你？

我是不是一個很煩的女孩？如果是，你就直接告訴我，我會設法控制自己。但是，心事不講很難過哩！

而且這回的心事可不是我一個人的心事，應該說是屬於我們倆個人「共同」的心事，甚至也可以說是「天大的事」。所以囉！一定得見面說。

十二月十八日　今今

咳！哥哥，親愛的男生：

不久前，我曾要把自己「送」給人，只是沒有男生敢要，那時的我像個鬼，任性、揮霍、叛逆，只有傻子才敢要。現在我決定讓自己慢慢正常，當好「你的女人」，敢要嗎？

只有傻瓜蛋，才選上我，告訴我，你是傻瓜蛋嗎？不能否認，也無可否認。現今的我一貧如洗，論學識，沒有，論家產，別提了，千萬家產早給男人們敗光光。技能，連最基本燒菜煮飯也一竅不通。告訴我，是不是只要有愛，我們就能生活，能……

至少，在女孩社群當中，我還是有「骨」氣的女人，我不會因「出身寒微，家道中落」而輕視了自己。我會努力，我會忍耐異樣的眼光，只要你不動搖。你行嗎？我的男人！？

這該死的鬼天氣，總叫人有許多靈敏觸想。哦！「秋風瑟瑟，愁煞人」！

一首童歌：

北風總喜歡和樹開玩笑，
害得樹都笑彎了腰。
北風總喜歡和樹開玩笑，

連葉也笑掉了。

中國近代詩人中我最愛徐志摩，他的詩和散文眞是百讀而不煩。如「我有一個戀愛」，「問誰」，「雪花的快樂」，「康橋再會吧」，說不完了。可惜他死得太早。

別人送我金銀財寶我不見得高興，但現在，你能否送我一本徐志摩的書，我會如生命一樣珍惜它。

十二月二十日　今今

親愛的男孩：

既然你不來此，我只好寄上了，中意嗎？像不像我？願你眞的珍惜保存。今天沒上課，時間變得渡不完。以爲你會來，沒有！細胞裏藏著幾顆失望的種子，「河可挽，石可轉，那一個愁字卻難驅」。爲甚麼老是想你、想你、想你……

此刻鼻子有點兒塞塞，也許感冒了。不打緊，小毛病一個，過些天就好了。在這雨後的夜裡多想讓你陪我，如果人的腦血管能自由伸縮，豈不多美。還是待會出去，孤獨，我原本慣了，寂寞早浸佔體內。

快月考了，依然沒認眞溫習過功課，唉……。我知道我有很多的缺點，曾盡力改，似乎照樣很多。那件事你不滿意我，講吧！別又賣關子，「完全滿意」倒不是。你喜歡訓人，要人家統統和你一樣，有時好霸道，總不爲問題設想。問題發生時，就光說世界上的事好容易，好容易。剩下的，以後再跟你翻，我想不起來了。

我送的，你喜愛吧？對「她」可不行虐待，當心我找你算帳。下個相聚，該是何時？有幾季秋構成畫——。

自從你去了鳳山，又過了多久。不論是雨後的夜晚或明月當空，我常憶起胡適那首詩的情景：

依舊是月圓時，依舊是空山靜夜。

我獨自月下歸來，這淒涼如何能解。

翠微山上的一陣松濤，驚破了空山的寂靜；

山風吹亂了紙窗上的松痕，吹不散我心頭的人影。

有多少個雨夜，又有多少個月圓之夜，我只想讓你知道，每個夜裡我都默默地想念你。難忘暑假情景，如同餘音繚繞，永遠縈繞在我心深處。

送給你的「她」，可千萬珍重，憐惜。要一輩子，生生世世，都溫柔的待她，那麼，我願生生世世侍候你，如侍候國王，滿意了嗎？

十二月二十五日　今今

男孩：

去年啃甘蔗的時光，何時再有？無拘束地投入大自然中，棒極了！那個下午是令人難忘懷的。明年的暑假，陽光相信比今年更燦爛，空氣更清新。你是瀟灑眞誠的人，有太多做作反而失去「眞」。對感情你可狠心，「提得起，放得下！」

這樣的光景，眞是人生難得幾回，至少我是當成「奇遇」，我很珍惜。與你一起躺在草地上啃甘蔗，黃昏時兩個人還躺地上吹涼風，不知道這個兩人世界會不會突然消失。我怕！

一年又快過了，這一年我算是快樂而豐收，因爲我原本一無所有。現在有你。

十二月廿七日　今今

第二年

更上層樓，更上層樓

男孩：

拜倫的一首詩：「愛情比河流，淺水會潺潺作聲，深水反而默然。」

你知道嗎？年青人常喜歡展開夢的翅膀。那年，十七吧！滿腦的夢。把世界想得美崙美奐，到頭來，哦！不過如此而已，甩過去的瘋，人不能永遠長不大，是不？

多少個三百六十五日，組成怎樣的串串。「有緣」誰也拆不散，「無緣」又不得你費神去換回。

四週靜謐，功課進行得如何？好睏哪，應和周公打交道的時候了。下星期期中考，祝你拿根筷子加兩個荷包蛋！

近來喜歡讀一些亂七八糟的詩，以前沒有這麼如痴如醉過。什麼古詩、現代詩、押韻詩、不押韻詩、散文詩，甚至我還買了一本泰戈爾的詩集。你說我是不是眞的在變了？我發現詩裡有一種任何地方找不到的安靜和美感，所以我瘋狂地喜歡。

今天是一年之始，萬象更新，祝我們有新的生活，新的進步。

一月一日　今今

親愛的男朋友：

其實！只要去喜歡一個人，何必去計較他有什麼使人喜歡呢？很久前，我一直覺得，我被世界遺棄。社會三年，許多人邀我去玩，去瘋，沒有人會鼓勵我去努力上進。唯有你——對我好，眞誠要我奮鬥，我會的，會認眞，苦幹，就不信上天會薄待一個不向環境低頭的女孩！

我知道，你有遠大的抱負，有首歌詞說：

盛年不重來，一日難再晨，
及時當勉勵，歲月不待人。

過年隨你來不來我家，依我看別去吧！秦嶺莊許多事需要你，往後，有的是機會，等著！

近日心情不甚佳，只好把自己丟進詩詞堆裡，看看是否能忘我。在古詩人中李白和杜甫的作品我卻不太喜歡，倒是李清照和朱淑眞的詞很能獲得我的共鳴。而現代詩雖然也讀了不少，總覺得有些作品不知道在說什麼，我懷疑作者也許寫完了，就忘了寫些什麼。你們軍人生活需要詩詞來滋潤，我認爲，你說呢？

元月二十日　今今

哈囉：

男孩，人生際遇，皆有天定。有時，說是有緣，卻無緣。又有時，說是無緣，卻有緣，生命都是這樣的，你相信嗎？

恨我！恨不得我立刻擁有「淑女」所應擁有的，是嗎？那麼，我感謝你的恨我，也感謝你的愛我。

若是風，願乘風歸去，但又歸向何方？若是雲，欲駕雲落廣闊天空，俯視既美麗又醜惡的世界。電視上的女孩不也常唱：「一縷輕煙你來自何方，又去向何方？一抹夕陽，你來時匆忙，去時又匆忙，這人生也是這樣，就好像輕煙斜陽，美麗短暫，渺渺茫茫……。」

什麼叫做「愛」？對我來說似乎是一個空空洞洞的名詞而已。多少年來，有誰眞的愛過我？我不曾擁有過。爲什麼？我好痛恨自己沒頭沒腦的走進這個世界。

親愛的男孩給我一些力量和信心吧！

我想抓住愛，但愛總像天上飛鳥，親愛的男孩，你愈來愈像一隻「漂鳥」或「候鳥」。而我希望有固定的巢。

二月一日　今今

親愛的哥哥：

這幾天總想哭，因爲……妹妹哭了，當哥哥的卻不能來安慰，讓我更想哭。無情時想哭，有情時（看不到人）也想哭，我到底怎麼了？

你知道嚒？我好久未曾哭過，總感好冷。三年前那股對未來的憧憬，多美，只是抓住了這一手虛氣。現今的我，只可說，想要和環境過不去的女孩。無奈與迷惘揮不走，失落的又是些什麼呢？誰知道！我願去揭曉。

你了解我嗎？有幾分？告訴我吧！別要我去開導風喬。你無法去體會她的心境，你們男孩看的是表面。「享受逆境，欣賞悲曲」，好個會生活的人，懂得生命的人。

昨晚下班回來，屋裡空冷冷只我一人。多麼無助，多麼孤獨！我只想哭，把這幾千個失意日子所疊積的一肚子苦悶，通通哭到九霄雲外。於是，我抱著棉被大哭半小時，後來不知怎麼睡了……。

親愛的男孩，因爲沒有你在身邊，所以我想哭。

親愛的男孩，告訴我，我是不是瘋了。

二月十二日　今今

親愛的軍人：

「君問歸期未有欺，巴山夜雨漲秋池，何當共翦西窗燭，卻話巴山夜雨時」。窗外剛下了一陣雨，這兒不是巴山，寫不出夜雨的詩情與畫意。但，多想告訴你我湧起的思懷。啊！等一會兒，現在我寫不出，或許會長長一篇。

今天沒上課，老師特要我們八點看電視影片，是安東尼奧在大陸拍攝的片子。相信你也看了，有何感想？瞪著畫面的景色多麼令人心酸，這就是令人嚮往的大陸。一些也不錯，蕭條，沒落，人們眼神呆滯。生長在寶島之上，何等幸福，偏偏多少人還要唉聲嘆氣，相形成了天堂地獄。記得若干年前，曾在家鄉看了香港浮屍的照片，悲慘不忍睹，世界上也有如此殘酷的事實，身爲中國人怎不熱血沸騰。總有一天，反攻回去重建咱們中國大漢疆河，讓高鼻子藍眼睛的老外，瞧瞧中國並不比他們差。

奇怪吧！一個失意的弱女子會說出這些道理。也許這些話該留給你們男生說才對，否則豈不英雄無用武之地。其實我的感情相當豐富，這種兩個世界的對比在我心中產生的反應是「感情問題」而不是「政治問題」。這就是我們女生和你們男生不同之處。

晚上躺在床上看「西廂記」，崔鶯鶯那首「待月西廂下，迎風戶半開；拂牆花影動，疑是玉人來」，眞的滿羅曼蒂克。我更佩服的是她敢於突破，該是我們女權運動的「女烈士」，值得後人敬仰。

二月二十二日　今今

親愛的男孩，遠方的哥哥：

我曾爲你唱了一支歌，
歌聲隨風飄揚，
飄到你屋邊，留在你心間。
但願隔了許久、許久……
那支歌從頭到尾，都留在你心懷。
我曾爲了你作一首詩，
詩韻鋪成綠茵，
爲你作香枕，感謝你情長，
但願隔了許久，許久……。

是一首歌，音色很美，你該聽我唱過，何時讓我整支唱給你聽？我的音色尚佳，你是否有這福氣？

過去的，未來的，我們都會擁有是不！只要曾思慮要擁有它！一支蠟燭在黑暗中才能發光發熱，「蠟炬成灰淚始乾」。願我們共同追尋這一份美麗的未來。

只要我們定力足，意志堅，情應是不會變質的，但美夢要我們全心追求，才有實

踐的機會。

二月二十四日　今今

男孩：

謝你三禮物，我依依揉成絲，積於小洞裡，相信它們永不凋謝，常青駐。藏在我心房密室中，永不流失。

書我會慢慢品嘗，它確實是本好書。

現在，我非常富裕，有你、書、歌聲、摯友，這世界上是那麼美啊！擁有的財寶該珍惜。尤其最近，我愈來愈感覺——該是「發現」，你是一座未開發的「寶庫」，我要挖寶。

上月，我搬出靠窗的房間，如此風鈴便有掛處，讓它隨輕風飄幌，叮叮噹噹……。像聽你說話，有時風輕吹一下下，只叮噹兩三聲，輕細溫柔，有如我們心中共通的那三個字。

我來到台中，對於這個家，我好無語。那樣的環境使我思想比同年人繁雜，我情願普通家庭，淡淡而溫馨。

時時覺得好孤獨，寂寞，又無從爲自己掙脫。此刻，我願有個人，老的、小的、年青的，都好，只要能跟我談談聊聊，沒人啊！最近來了個八竿子打不到，財大氣粗的表哥，沒甚麼「人味」！就是有錢。

外面又下雨了，人們都說：春天後娘臉，忽晴忽雨。早晨一片陽光，晚上卻沉著臉，傷心了。

近來用在讀書的時間很多，新的、舊的；中國的、外國的；民初的、現在的，可謂飽餐幾大頓。覺得許多東西不但不易消化，而且很難理解。就以新詩爲例，到現在對那種語意莫測，晦澀難懂的文句還是「莫宰羊」。對新詩外表高高低低；顛顛倒倒的容貌更是不懂，可能是與傳統詩相異，才稱之爲新詩。

不過新詩也有好的地方，就是它很自由。能隨意發揮，是我喜歡的因素。如果新詩能把虛無、晦澀、胡來、妖裝異服、中外不分、不倫不類等毛病剷除，走向明朗的、生活的、中國的、藝術的、形式上加以約束，對現代文學而言想必是福不是禍。因爲，我相信文學和民族精神有關。

畢竟，中國文學要有中國文學的「樣子」，包含精神、內涵等。如果中國文學弄得像「西洋」或「東洋」，我指日本鬼子的文學，那麼，中國文學是不是「亡」了，文學亡了，國亡不亡？親愛的，當我們國家面臨危亡，你們軍人可忙了，我們還能相見相聚嗎？

三月十日　今今

可恨的男孩：

夜好深好深，是凌晨一時了，對面街道黑沉沉的。我將眼瞪得大大的，祈望你會來，一串串失望接連一團團渺茫，不是約好十點半在火車站見嗎？你怎沒來？

啊！這孤寂的車站，幾乎只我一個女孩，人們以奇異的眼光斜視我，我不在意，或許只要你來，我將告訴你，我的思維，我牽念！

好恨你，這深夜竟讓我一個人苦守，你去了那裡？

四月七日　今今

軍人：

知道嗎？去悠悠，思悠悠，相思何日休？見春愁，對春愁，會情空倚樓。

此次你回台中，別說白走一趟，至少我們見過面。那些語言是多餘的，默默不也能溝通嗎？上星期天，我一直相信你會回來，到你家，我眼光離不開紗門。而那夜我想跟你聊聊，只是又顧慮你該做的事未做，因而約你週末在火車站見。怎奈，陰陽差錯的，兩地空待，只不過呎尺而已，卻成了天涯之遠，或者是我前些日子矛盾，使我失去對你的默契。

現在我不再發瘋了，我要專心不再瘋狂。讓我告訴你，如果我沒有畢業，我會流浪四處，而不會去當你的妻子，真的！所以，愛我惜我的方法之一，是讓我好好讀書。

好好讀書始終是我的願望，希望你給我最大的支持和鼓舞，我把書讀好了，我鐵定就是你的人。若我被當了，被逐出校門，你便「丟」人了。這個「交易」單純吧！

話雖如此，假日還是希望看到你。

四月八日　今今

男孩：

大伙都睡了，我卻擲筆想寫下一些感慨，只是昏沉沉的！思茫茫的，心重重的。或許苦讀了幾天，太累了。

想……

在曚曚的夜裡，

在煦煦的微光中，

有我的希望，我的夢。

風雨無定，歲月漫漫，誰能預測多年後的事，就像「魂斷藍橋」的女主角，是她錯？或上帝的錯？結局叫人酸澀。看完電影，回想自己，感到一陣悲悽……。

我要回新竹，家總是自己的好，能怨什麼，人活著原就應存愛與寬恕！

願天使給你個：

「藍夜美夢加上一個親吻」，我可是眞心的！

徐志摩在他的「兩地相思」中說：「趁月光清泉似流，趕回家去親你唯一的她！」不知何日再與你相見。

相見時一天如一秒，期待時一天如一年，難怪古今相思皆苦。 四月十八日　今今

男孩：

「慈母手中線，遊子身上衣，臨行密密縫，意恐遲遲歸，誰言寸草心，報得三春暉。」

這星期又是一年的母親節，天下的慈母啊！妳們多麼辛勞，做兒女的我們又是多麼不孝，無法在旁侍奉。

我不知該送什麼給親愛的媽媽，下星期月考和語文檢定，讓我不得分身回家，只好寄份許多又許多我的祝福給我媽媽，相信她會接受啊！

一連幾個夢鄉裡，帶給長長的愁腸。假若我是隻輕快的鳥兒，我會飛過那重疊的山水，探望我藍夜裡的人。

近日讀詩，對傳統詩的音律美很能產生共鳴，就是對那些平平仄仄的東西看不懂。也讀了一些外國詩，例如法國象徵詩人魏爾侖，與其說不能接受，不如說難懂。

拿槍的軍人，詩詞你也懂一點，教教我吧！

五月七日　今今

情人，啊！今生今世的情人：

世間的情人們都像我們這樣嗎？——聚少離多，有多少時間是我們可以共同看花、賞月、相守的？想見你一面成了「奢侈品」。

是的！怎一個「念」字了得，竟夕起相思，千里其如何？也只能止於念了。而你知道否？

如此一個夜，漫長又漫長……。斜陽下參雜幾許光輝，我踟躕腳步，散著，散著！

夢本身是美，但人生似夢，何其緊促，我也不願。你與我絕不是夢，對不？我捉不住。那腦海不平穩的小波浪，它常常衝擊我，我剎時變得茫然，不懂！我不懂！

你眞該好好修理，才不要「小狗」和「小貓」哩！我可沒同意，皮愈來愈厚，記下一筆帳，等有機會總清結，準備妥啊！

附星星把我的相思，把我的愛統統寄給你！

世人多少心事，惟相思最難消解，難怪自古有望君成「石」的傳統。如果我能成爲一塊死硬的石頭，我會感謝老天爺，因爲我不再有痛苦和孤獨。啊！讓我成爲石頭吧！也省得在這老是等啊等的。

是不是前輩子欠你的，這輩子總在等你、等你、等你！

白天到黑夜，黑夜又白天，今生就是等你。怎了得？

五月八日　今今

嗨！男孩！

你儂我儂，忒煞情多，情多處熱如火。

將一塊泥，捻一個你，再塑一個我，

然後將咱們一齊打破，再捻一個你，再塑一個我。

我泥中有你，你泥中有我。

多少個黃昏，夜裡，清晨，未曾低語。此刻，讓我喃喃訴著，別去打擾我！

小斗室內，盛滿著濃濃化不開的寂寞，十一時十五分是那樣，明日二十四時是那樣。再些時日，會怎樣？

在這個亂糟的地球上，什麼是永恆？偽裝的歡笑？真誠的愛戀？或是一首詩嗎？依我看太陽也未必永恆。它也有死期，只是那是在很久以後。

甩甩腦袋，想想將南下玩的事，六月你再修書告知確實日期吧！盼望著那愉快與奮的旅程。

在這談詩的季節裡，傳統詩真的韻味十足，寫情寫景都入木三分。民初的詩還頗可領會一點，所以徐志摩、朱自清等人我是很喜歡的。至於現代的一些詩有點像「禪」，外行人它不認識你，內行人也未必認識它。

對現代詩的所謂分行、分段、有機、主題、意象等等一連串的問題，我全存疑。所以報章雜誌書上經常出現的紀弦、瘂弦、周夢蝶、羅門、洛夫這些當代大詩人，不知道到底是不是「大」詩人？希望是我對他們誤解和不認識。只是，我還懷疑是誰封他們爲「大」詩人呢？

本來嘛！以我能懂現代詩，那現代詩豈不太淺了。

雖然我有許多不懂，我仍打算痛讀它們。

五月十五日　今今

親愛的男生，此刻你在做甚麼？

現在我正在山上做白日夢，想我們在一起的時光，白日、黃昏、午夜、清晨，都是美景。人生最難忘的，應是這種甜蜜的感覺。

執筆，卻被你家那棵榕樹所吸引，我深深沉沉的深思。昨夜溜課，跑至秦嶺莊找風喬，清晨的秦嶺莊上總是那麼涼爽。果若……哦！許久未曾聽你彈吉他，好想聽，只是我只能呆望你那把吉他發傻。你不在，它永遠不會響。

好想聽你彈吉他唱歌，捉泥鰍、恰似你的溫柔、午夜香吻、蘭花草、送別、晚霞滿漁船、送君情淚……還有英文歌，Blowin in The Wind，House of The Rising Sun，Kumbaya，A Time for us，Sealed with a Kiss，Scarborough Fair，Sound of silence。……許多、許多，你唱的我都喜歡，是真正的喜歡，聲音都美！

好好練好你的身體，做激烈運動時別受了內傷。應知你的健康是我的快樂，健康也是未來一切的本錢，是不？說來也怪，我從小吃沒吃好，穿沒穿好，住沒住好。出了社會更是不正常，有時三餐不繼，有時飽餐一大頓，身體卻比有錢大小姐硬朗。也許是老天爺給我的彌補，換取他的心安吧！

回想初中逃家的日子像一場惡夢，卻也很神奇，不亞於「魯賓遜漂流記」。我竟

瞞過航空公司，一路到了英國倫敦，又瞞過輪船公司，到了南非。過了四個月免費的旅行生活，差點被賣當妓女，後來還是被外交單位送了回國，神奇吧！

五月十七日　今今

親愛的男孩：

路上，課堂，公司總存有那許多話，爲何到宿舍，擲筆卻言不下？它們都成了一個「思」。

今晚，細細彎彎的月亮給黑雲密蓋了，星星也失去了蹤影。我煩燥的數著那逝去的日子和那無奈又無奈的一大串等待，六月怎如此遙遠，要隔幾億年才能降臨呢？炎熱的夏天悄悄的包圍，老天！熱死我，南部更不堪設想了。我想下個月你若眞有假，我決定去，能玩玩也不壞。至於暑假，我計畫一大堆的「瘋鬧」要參加嘛？錢是身外之物，生不帶來，死不帶去，只要你爲我預算好一切行程，其他的，甭管。我們得以快樂換快樂，絕不是讓金錢變快樂，是不？

午夜聞得吉他音，
疑是吾君飄來夢。
思縷片片怎堪寄，
咽咽綿綿更無聲。
喁喁叮嚀妾牢記，
願君莫爲心牽繫。

不要似海鷗波浪，

但冀今生永相守，

但冀今生永相守。

有如此一句話：

Love is the you never say you are sorry。

如此看來，愛的定義不分中外都同樣。

男孩哦！

泥上落遍黃葉，風微微的盪過。

心也幌搖浮沉，人去樓是否空？

低喃已逝歡笑，時光怎又飄零？

看過這首嗎？

一願君千歲，

二願妾常健，

三願如樑上燕，

四願歲歲常相思。

記住，遵守你的格言，「別爲愛傷風，莫爲情感冒」。好好把你的學業弄正，也不要胡思亂想，眞的！眞的！一千一萬個眞的，以前的今今早變沙土，此刻的今今屬於那個「散散」的「鄉下人」。

天可荒，地可老，海會枯，石會爛，我仍舊是我，你呢？你呢？……。每個人當然都有個「自己」，那個「我」是宇宙間的唯一，獨立的。但「你」和「我」，我倆，仍應是心靈相通的，能不通嗎？假如我倆現在還達不到「心有靈犀一點通」，實在也太遜了，該反省檢討。

不知因何？現在我心皺皺的、皺皺的。都是因爲想你，想得太深啦！獨守空閨，心情煩亂，男孩，你有責任。

八月二十五日　今今

男孩：

認識而相知至今，你該瞭解我的爲人。每當在你朋友，我朋友面前，我們不能顧及自己的歡樂而冷漠了別人，是不？我不明白。張和林他們怎生來如此觀念同一些莫名批評，好好告訴他們，我怎會介意那點小節。我也絕不是那種女孩，知道嗎？不管你知不知道！我只說，我是我，我有我自己想做和別人不一樣的事。說過，只要認爲對的應做，我會百分之八十不顧其他而去完成。至少，目前我是如此，嚕嗦一大堆，煩嗎？

一個暑假，好多彩又多姿，我會在我平淡的一生記取彩色，相信我腦海有塊大地方容納它們。

我雖是比較不拘小節的女孩，但在某些看法上卻很固執的。介意嗎？

男孩啊！

你曉得嗎？上封信你粗心寫錯地址，結果信在五號才收到。本要罰你一番，畢竟我又動筆了，看我多仁慈，是不！

有詩：

從別後，記相逢！

幾回魂夢與君同，今宵別把銀紅照，

猶恐相逢是夢中。

原要你十號回來（大法師已將在七號演），臨時有人通知週日要來找我，只得延後。等我想好，再寫信叫你回台中，好嗎？

遠處竟有雞啼，這種神經兮兮的傻雞，天未亮，好夢正圓，窮緊張！

九月八日　今今

親愛的軍人：

翻著去年至今的照片，我沉入回憶了。省議會、梨山、官校、黎巴嫩、你的、我的、合照、單人。好似……好似……好似什麼呢？言不出啊！只覺得很叫人恍惚……。

接到你的信，我說何語！「一斤多少」，哼！是諷刺嗎？它可愛？不是嗎？「人爲財死，鳥爲食亡」。誰能否認？說實在，我也頂喜歡它，我不曾想去大言不慚地說：「不稀罕錢」。此刻，何時少得了它。只是，我……恨不得撕去世界上所有的鈔票。有種人，得不到，寧願毀掉它。渺小的女孩，又怎來神力，嘆息！啊！謝了，你會永遠珍愛憐惜這麼多情的女孩。你說：你要我哭，抑或要我笑？

小仙子說：期待與等待很痛苦，也很美。哦！這是一份如何酸澀的美啊！我不知道誰遺棄了我，只覺得如此孤單。常常我說：不再是織夢的小女孩了。彷彿歲月已將我推至未來的七老八十。兩年或許排不上個「捱」字，在我，有時它像萬千重擔。現在開始上課，我總弄得忙碌，包括禮拜日也不願躺在床上。清早便溜得不見人影，若問我上那？我只會搖搖頭——莫宰羊。

少噁心，什麼「重質不重量」才不要哪，小心我扭你一把，哼！

我本來就喜歡笑，你幾時看我哭來的，嘻嘻！瞧我不是裂著大門牙笑了嗎？像我

這麼多情的女子，現在世間可能沒了，你可曾見過——在其他地方？

九月十日　今今

男孩，吃醋的先生：

下了一陣雨，藍空變成紅色，淡淡的籠罩整個大地，你眞叫人火大，我又不是沒上課，只不過課堂稍不認眞私底下寫寫信而已，就要受你處分。才不會乖乖的讓你威風。二十七號回來，可要確定，別到時我等不到你人，豈不要我寂寞在燈下嗎？我可要生大氣的。

怎麼？你吃起酸酸的醋了嗎？啊！少爺，別莫名奇妙嘛！人家又不是跟異性去逛植物園。其實，是個男孩又有何關係，「男朋友」和「男的朋友」大有差別，大大不同哪。像你不也可跟追你的女孩去壓馬路瞧瞧電影。

說實在話，自從有了你，我和其他男生幾乎全都斷了邦交，我說不上來甚麼東西。只覺得和你在一起才有眞快樂，也有一份充實感、安定感。

記得我提過，我有一個遠房的大富翁級表哥，我媽很喜歡他（應該是喜歡他的錢），要把我和他「送做堆」，我死都不肯。叫我陪他看場電影，我硬是不要，媽氣炸了！無他，他除了有錢，其餘甚麼都沒有。

所以囉！放心，是你的人就是你的人，不會跑掉。

九月二十日　今今

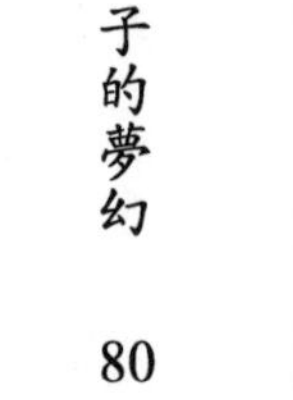

男孩：

「智者千慮，必有一失；愚者千慮，或有一得」，後者？前者？想太多、算太精細，有時不見得好。

一朵不羈的深情，如何拋棄？有些濃郁，有些晶瑩。我並不堅強、並不勇敢，只像風雲隨時會吹散，飄浮，而你呢？你是什麼？

回到學校，盡量忙吧，利用你的一分一秒，我也要忙了。時間無情的走掉，我們總得要有收穫。

問歡情幾許，早收拾，新愁重織，恨人間聚少離多。

「成就」，原本就是名與利組合，那個不追其二者，白癡！神經病？男孩子一生追尋的除名和利以外，其他又有什麼？沒有了「將」「相」「名」「利」此生便算白過，對不！？別說要平淡渡一生，那是心照不宣的話。實在的人要的是轟轟烈烈的奮鬥。我不是要你去電影院，去跑，我只是說，只是說……說什麼呢？算了！深夜，好夢留人睡。

你我都要好好打拚，追求錢財地位，這恐是必要的，否則爲何打拚呢？但同時，也要看得開錢財地位，才能過比較正常平淡的生活，我說的有道理嗎？

十月三十日　今今

男孩：

前幾天有個不太熟悉的人對我說：快樂與痛苦只是一念之間而已，什麼事想開了，沒任何牽掛。

我有所思在遠天，一日不見，我心悄悄。

朝雲暮雨心來去，千里相思共明月。

騙我不曾看過電影，我就不信看了眞會不敢去上課。大法師台中若演，本姑娘偏要去看。最好你能回來陪我看，免得我眞嚇昏，沒人搬我去殯儀館，可就災情慘重。

十一月十六日　今今

我的男孩啊！

「雖說光亮曾經閃爍，從現在起卻永遠……自我眼中消失。雖然沒有事物能使時光倒流，使草木欣欣向榮，使花卉再度爭艷，我不要去感傷，寧可在殘留中尋找力量。」

這是我兩年前一本雜誌裡的一小段。當時我不知是怎樣一個心境？曾有人對我說過：去淡淡的喜歡，再不致形成濃濃的哀愁。一直我相信它？如果太滿，就等於零。

今夜，我不想再談些什麼！

有個流水的夢，欲向遠方無垠的空茫託寄。

我的男孩，心上人，

有個小小歡樂，從我內心深處湧出，

欲悄聲告訴。

抿抿嘴，我笑了！

瞧！又怎忘了。

夢中，於午夜裡，有朵黃色的玫瑰，

淡淡的嫩黃，幽幽的馨香。

凝視著，醒了，又睡著，又醒了！

遙遠的黑暗湧著，像地獄中湧出一糰黑黑……

變成了墨色的玫瑰，灰黑色的天空。

最近公司忙得很，忙工作，也忙應酬，說眞的，工作是職責，我會盡力。至於應酬嘛！我一點興致也沒有，這個月以來就有經理、總經理要請我吃飯，都被我推掉了。我只想過自己的日子，或在宿舍中靜靜的想你，也是很美好。那些滿腦肥腸的老板，就算十萬元請我上桌（其實陪酒），本姑娘不見得動心。

你現在對我這女子了解多少了？算了，你說過「女人只要愛她，不必去了解她」。如果是你，請吃「西北風」餐，我也會到。

十一月二十四日　今今

男孩：

連續幾天，趕得頭昏。茫然不知世界何許東西，今夜，我伸鬆扭緊的五官、四肢、腦袋，稍輕閒一下。我知道，隔不了多久，只要開始另一個考驗，人生總是一串不斷又不斷。停頓視作退步，誰願意低人一級呢？

是的，原本我們很美的世界裡，只是我們探頭太少，滿足太少，總以失敗爲恥，以不如人爲辱。有時我難過悲傷直沖，你說：能微笑嗎！很久前，我已體會微笑是解決勝利與失敗的獎品和責罰。

將是我們的命運，
何必猶豫？
星兒太渺，
月兒太柔，
且把自己塑造成太陽。

在舊書堆裡買了一本「楊喚詩集」，讀完了叫人滿心酸酸，他二十五歲的生命只有兩個字——悲劇。

十二月十一日　今今

親愛的男生：

「認爲對者」無須等明日點頭；認爲非者，也不必到「明日拒絕」，你有這勇氣和決心嗎？

你給我的冠冕，不知該當否？一個人有自己所擁有的思想舉動，怎可不去體諒一些呢？其實十二月份來，我也很忙，月初的考試、中旬的檢定，現鬆了氣，期末考卻臨頭了。說悠哉也悠哉，論緊張也算緊張，往往喜歡偷點閒，做自己想做之事。

聖人也好，凡人也罷，我一視相同。挑剔太細，會變成一無，這些，我早知道了！才不要你教。我打算明年（快到了）開始補習英文、學國畫，覺得新鮮吧！本姑娘爲甚麼突然變乖了，有進取心了。沒辦法，少小不努力，現在只有加倍努力。

至於學畫，那是我眞正有「感覺」的一門學問。絕不蓋你，我小學五、六年級參加好幾次全縣的美術比賽，都拿第一名，老師和校長都說我有美術天份，要好好栽培，我媽卻潑一盆冷水說「美術能當飯吃嗎？也不是那塊料。」從此就沒人理我了，我也不畫了。最近有個畫家又發現我的天份，我也半信半疑，也有興趣，決心開始習畫。

情哥哥你，反正你遠在天邊，也沒辦法陪我，我正好利用時間學些東西，才不會每天胡思亂想，想你想得苦。願新的一年我們更好，更美好。十二月二十九日　今今

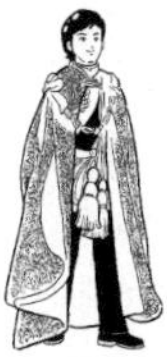

第三年

但願人長久，千里共嬋娟

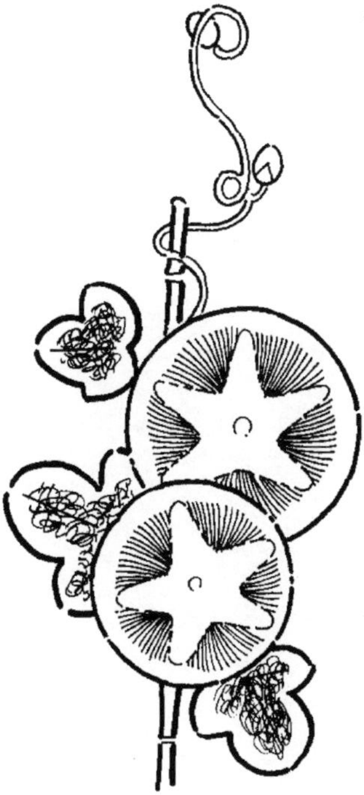

男孩：

好多作業，又是報告，又是論文，手不息、腦不停地趕著。總算差不多了，讓我在這午夜和你談談好嗎？

刮大風，冷意有，陽光當然也有，這意味著人生。

男人喜歡把精力放在本身事業或職業上，幹得轟轟烈烈又多采多姿，不然不罷休。敬佩軍人，要不，我也不會選個官校的。十年？我都不反對，誰預料若干年後，你會爬得頂端。眼看人築高樓，眼看人樓塌。有時候，你不知道我有多疲勞，有多倦，每當閉上雙目，我又打起勇氣。摔了下去，好像都是——忙完了自個，又去憂慮下一代，一次又一次的輪迴運轉碌碌俗事。

人要有等待幸福的耐心。相信，只是，心未死，髮未白，昇華不到那種境界。經常自唸，我怎麼辦？不曉得該如何對你說……吞了回去，不想讓你操心太多。你瘦了，豈不使令堂傷心，好好照顧自己。

元月五日　今今

男孩，親愛的：

看完了那本好書——「我愛上一個女孩」搖頭！台灣似乎很少這類書，近幾年來倒也出版不少。銷路卻不很好，說實在的，許多事我並不懂，大都也是半朦朧。我思想眞的很古板，要我和男孩談那些事，跟你頭一遭。以前我總覺得那令我臉紅，避免提到，或許時間改變了我的觀點。一個女孩實應了解雙方，不能說那是不好之事。

我想，我們是否做錯了呢？書中：「婚姻是一個花園，在裡面可以做任何事，但超出這花園的範圍之外，則任何事情都不允許」。「佔有」，對嗎？啊！啊！對嗎？

在我的家人中，外婆對你印象最好，他說你是一位有爲的青年，而且是眞誠的人。我外婆很厲害，一個人眞不眞、誠不誠，她只要看個五分鐘就知道，厲害吧！她還會看相，所以不論內心或表相全都瞞不過她的「法眼」。

但願這世界永遠美好，永遠讓我別受到牽制，但願是個滿意的結局，與你攜手共創未來。

元月十五日　今今

男朋友，我心中的國王，我的王子：

銀河斜，疏星淡月，斷雲微度。

萬里江山知何處？回首對床夜語。

由許多相聚與離合，絲絲縷縷合爲相思。人不能說沒有一點遺憾，是不！？榮華富貴，功名利祿如浮雲流水，什麼才是永恆？

順寄上照片一張，怎樣？夠資格拿去相親吧！託你北部有馬馬虎虎的男孩時，幫我介紹一個，先謝啦！

近讀當代詩人羅青的作品「吃西瓜的方法」，很多都不懂，可能我太淺了。找不到羅大作家的府上，否則我必定親自登門請教。

送給你的她，可要珍惜。

願長相守，不是夢中。

上回你來信稱我「公主」，這個稱謂我是有意見的，眞正皇室中（如日本、英國）的公主，我是打死不幹的，她們都是政治工具，身不由己的。雖然外表風光亮麗，卻不快樂，也不自由，甚至有很多活得很痛苦的公主，何必呢？

但如果在我們的兩人世界中，我當然願意成爲你心愛的公主，希望你眞心待我如

公主·，那麼，你是我的王子、國王，我願如婢侍候你。

二月三日　今今

嗨！王子，今日去騎馬打仗嗎？

許多話，想對你說。怎奈，我卻又寫許多不相干的。你叫人很生氣，竟沒寫信跟我講——前次我想寫封信問你。可是，我不知怎樣寫，想大概過後你會對我講或信中提起……不說嘛！我也不問，是叫人很生氣。

我警告你，從這禮拜起，多注意點身體，多休息，別又忙得天昏地暗。爲那個不頂乖，卻又愛哭的女孩，同時也爲關心你的一些人，好嗎？下回，不能又瘦啊！不然，發誓不跟你講話。

曾抄封信給風喬，令我心酸酸的是那末段：「錐心的思念，刻骨的相憶，多少愛的苦澀，從此埋藏心底。最後一次，讓我好好想你，一夜的燈前孤坐，已心神交瘁。天若有情，那麼，來生我們會再度相逢，我絕不讓你再從我生命中消失……。」

很傻的一個癡子，我知道我不會那麼傻。卻喜歡一味評論別人情不專，不誠，你說不很矛盾嘛？

我本來是要考試完，才提筆修書，心血來潮，亂扯了。到了北國，別忘了代我問候你兩位寶兄弟，有空請他們到台中玩玩。

你的信中提到，今年春天如果時間許可，我們一起到深山裡找個世外桃源住三天，你提到武陵、盧山和谷關三個地方。我都喜歡，王子到哪裡！公主有不隨侍在側嗎？這回不可黃牛了。說眞格的，我們在一起的時間太少了，雖你說「獻身報國」，也要顧到女生的感受，是不？

二月十一日　今今

男孩：

剛由電影院到宿舍，當一個人走在淡淡的街道，冬風直灌你，滋味多難受。本想走至火車站，去看你，又能守多久。我無法跟你南下，你更不能留在台中，究竟要道聲……拜拜！算了。

我寧願喝風，託我腳步聲為你祝福，也不想再對你說……再見，我的男孩。

再等好些日子，綠衣人才會捎來你的音訊。快啊！別讓我等太久。每次分手總是很無奈，又能如何？

你是窗，我是雨，

何年將有一根紅蠟燭，

照盡敲窗雨。

晚安，願你有個好夢，在車上。

今夜看你南下，心裡眞的很不是滋味。為什麼我們要兩地分離，為什麼要兩地相思，我內心很不平靜，靜不下來。

二月十八日　今今

軍君：

無眠不應有恨，何事長向別時圓，

人有悲歡離合，月有陰晴圓缺，

此事古難全，但願人長久，千里共嬋娟。

我不願再講些別的，信任你，或許我能，但，什麼是永恆？告訴我！！或者，總有些較肯定或較恆常的吧！

最近心情眞是不好，許多事愈來愈沒譜，一大堆干擾，異樣的眼光……怎讓人受得了？對你不痛不癢沒感覺，因你不知道……

誰能保證未來？你嗎？我嗎？掬一把清心給你，努力你的事業，勿爲兒女私情而牽念！

什麼叫做「愛情」？我眞的很痛恨。這份心靈的傷痕，只有你才能醫治復原。然而你遠在天邊，那麼遠，我吶喊無助，伸手無依……。

三月一日　今今

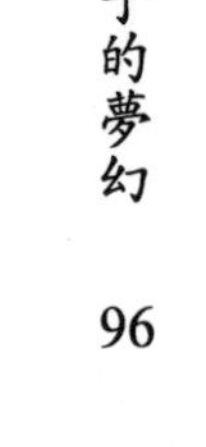

男孩：

陪我好嗎？雖不孤獨，好寂寞啊！

每次提筆，卻不知寫什麼才好！有時我好憂愁，有時我快樂得像小仙子。最近由許多人口中，我發現我比兩年前更活躍，我眞很外向嘛？那個見人就躲，害羞答答的小女孩那兒去了！？哦！我願意我永遠是那個小女孩，我願意！聽到人們說：好溫柔，文靜的女孩。我願意……。

我想念，眞的想念遠方的你，你有感覺嗎？

但願我是——你窗前那棵樹，樹枝上的葉，葉上的雨珠，雨珠裡的呢喃，爲你祝福。

多少天來，我不知道我匆匆忙忙來來回回的做些什麼？日子怎變得這樣迷糊。別恨我讓時間虛過，我眞的不知該怎樣才好！？啊！我很好，好得可擁抱整個世界。

我想大笑，笑這世界的人類！！來，聽點音樂，會跳華爾滋吧？大享小傳裡有段兩人共舞的鏡頭，很美，也很羅曼蒂克。會喝酒吧！來，我敬你一杯。

我如何使雨不再落下，你如何停止夕陽西沉，什麼能夠讓時光倒流……。回到我們當初。

男孩，抱歉，今日我的情緒真的不好。
有什麼良方嗎？滿滿的寄一帖好藥過來，就算是三言兩語，對我也有療效。

三月十八日　今今

男朋友：

星期二因朝暉夕陰，氣象萬千，頭昏昏沉沉的跑回宿舍睡覺。下午被寢室小姐拖去看電影「奪標」，這是部值得看的電影。眞的，若錯過，會十分可惜又可惜。順寄說明書，還是親自去看，才能體會劇情。

那本朱淑貞詩選，不錯。但，我仍喜歡李清照和李後主。尤其李後主，雖然被罵亡國之君，但文壇上是「永恆不倒的君王」，豐功偉業又如何？

情人啊！

雨，漫無地灑落，
風，隨意地浮動。
石子一顆，小抑大？
整池漣漪，
似難靜，難靜。

等待、等待、等待、思念、思念、思念，成了我生活的一部份。

最近讀了古希臘荷馬的「奧德賽」，眞是動人的故事，但我發現你很像故事中那位英雄主角，苦幹、決斷，很有魄力，堅持的事必定要完成，可喜！但可惜，始終在外流浪。而我，好像那位苦等英雄回家的女人，長年累月，一年過一年，等待、等待……萬一你這位英雄不回來呢？萬一……

我想告訴你，我想提筆，卻不知該寫些什麼？從何說起。就是等待，她（奧德賽的妻子）終於把英雄等回來了，我呢？

世界上的事，誰懂呢？你懂嗎？預測得知嗎？鋪好的事，路，就能如願平順完成嗎？如果萬一有變更，那將怎去處理？

窗外霧深更重，今夜落花成塚。

春來春去俱無蹤，誰能解我。

讓我擱筆吧！現我感到好俗，盡量裝飾的再剝落了。

四月十四日　今今

男孩：

是很久都未寫信給你，每次我提筆只是發呆，難道只能寫你好我好就寄出嗎？豈不太單調了。日子過得好迷糊，若干年後，四周不知將變成何模樣。就拿我這些年的感想，物非人非事事非……。

謝謝你們同學給我的評語，其實你們也太低估我們女孩子。難道全都只是活在服裝、美容上，也不見得。多得是有花木蘭精神的女孩，你們別主觀太強。

嗨！你好像很信任我哦！這年頭誰能像尺一樣劃一直線？一切都很不確定，都沒有標準答案。

現在的我，好像浮在空中，盪來盪去。懶於提筆，別說老是不寫，我真不知該寫些什麼才好！只要你知道我在此很好，你認眞求知，將來好好孝順媽媽，做個好軍人就夠了。

其實男孩主要的是事業，其次慢慢才談，是不！？歷經滄桑，我不敢承認，只不過比少數人多找事來煩而已。

四月二十日　今今

讓我頭痛心煩的情人，心愛的男孩：

我不能不對你說，我想去找你。此刻，兩點了，你一定未睡。我知道，兩年來的時間，了解是深。

每當你寫充滿感情的信，我會自言自語說——愛你。我寫完信，我也會想——愛你。兩年前，我由台北回來，心碎片片，家庭、愛情對我已不重要。我累得想找地方歇歇腳，遇到你，你鼓勵我，好吧！讓我試停在你的港灣，讓我休息飄泊的心。時間逝去，我上進了，可是，我的心呢？眞正的心呢？你爲何總不能幫我找回，好難的一件事。

我不在乎四周人對我如何，我自有主見，你一直對我很好很好。我也一直讓我能認眞待你，我常想，忘了過去，別去讓你傷心難過。或許世界上的事，總需要波折，我深信經得起考驗。

當我見著你，我擔心的是那第二個影子，我費力的揮去，他仍似有似無的浮繞。經常面對你，我沉默的不講話，你怎知，我在搏鬥，我要好好認眞的去做鄉下人的女朋友。可是，我對自己缺乏信任，我憤怒的想擊碎整個世界。明明是單純的兩人世界，何來這麼多無謂惱人的干擾？

此一分一秒，我盼望，由內心眞正的盼望。你考試能不影響？你雖說：不會。我仍擔心著。

啊！老天爺，讓我靜下來吧！我好睏，好睏！

四月二十七日　今今

男孩：

每當有風的日子，夜晚，白晝，晴天，雨日。我總會聯想到壓在盒子裡邊的風鈴，她已經孤獨好久了，只因沒有知音，這世界原先就難覓了，感嘆！啊！

每當功課，工作外，閒暇的時光，我會想：「果若，我有棟小洋房，哦！平房更可以。我要蓋一條長長的走廊，走廊上掛滿叮叮噹噹的小風鈴，大風鈴，竹風鈴，銅風鈴……有風的日子裡，她們會帶來一串清脆悅耳的鈴聲，搖椅中渡過我的年華。還有走廊前該有個小小的花園，種滿了玫瑰花，野蘭和鋪上柔軟的草坪。我會在上面數著星星，說著莫名奇妙的夢話，別人或許聽不懂，我不在乎，我懂就夠了。」

人們的眼光已讓我麻木，耳膜也爲言論所關閉。

「得我之幸，不得我命」那份瀟脫，有嗎？你？我？

你那份真摯的情，我該怎去說！？謝謝你吧！希望我能付出相等的，但願，但願。

有人告訴我，這世界屬於我，走遍天涯海角，所有笑痕裡沒有我。有人告訴我，陽光普照我，我尋找了又尋找，陽光下依然沒有我。何處有我，我在何處？何處有我？我在何處？啊！啊！這炎炎的五月。

下雨了，陰陰的灰空，像好悲傷，濕漉漉的水泥地，泥巴地……。

你知道好女孩的條件！？你知道值得愛的女孩！？你知道這世界是什麼！？你說過，「不知道怎麼愛女人的男人，一生都不能成爲眞男人。」看樣子，你是懂得如何愛女人的男士，啊！是不是我眞的有福了？

好蒼白的一片，風總不再溫柔，雨也失去詩意……慣了……。日子變得好無聊，這一切都因你不在身邊，爲甚麼？你總是遠在天邊！雲彩雖美麗，卻叫我捕個空！

五月七日　今今

敬愛的男生：

公司今天裁了二百多位員工，我是第一批漏網之魚。還有第二批，或許下回輪到我，倒希望我是其中之一，怪矛盾的。

其實你無須去挽救我，如果我錯了，我能拔回殘局。但，我不知道，那些是對的？那些是錯的？

那些文章的確很好，你的用心良苦，我明白，我懂，我知道……我也要自己是很樂觀很上進的女孩。好多年來我試著去改變自己思想，去不流俗，去……你看我改變了嗎？這些日子，我發現我比以前更糟，卻找不著那裡不對勁。唉！唉！不要擔心，不要爲我難過，我會安排自己，也會突破重山萬水。正像文章中，要把自己的生命用於有價值的行爲和情緒，用於偉大的思想……。

今年七月是我投票權的授給，應該在各方面必須都具備那個年齡的條件。可是，缺少太多了，我願我倒退回四、五年去充實自己失去的。

五月九日　今今

男孩：

告訴你一個故事——很久很久以前，在很遠的地方，那邊的人們生活得十分快樂，唯有一個無父無母的孤兒，他貧窮。有一天，他走到曠野，傷心的哭著，忽然，有人叫他。原來是他身後的一棵樹，它的樹葉染得紅紅的，「你爲何哭呢？」「我肚子餓了。」「拿我樹上的果子吃吧！」

隔了幾年，樹前來了位少年，樹認出是以前那孤兒，「你爲何而來呢？」「我想成家，但家無材火，很冷，沒法烤火。」「砍我枝去燒吧！」

又過了很多年，樹前又來了位蹣跚的老人。樹也很老了，紅葉落光了。「你又爲何來呢？」「我家碎了，妻死，子離，我好寂寞孤獨。」「那麼，在我樹下陪我吧！我也很孤獨，寂寞。」第二天早晨農夫發現樹下躺著一位老人，他的腿已成木頭，身體盤住樹根。不久！人們看見樹下有具老人的樹根永遠附在大樹邊。

故事完了。

說實在，我不懂這故事。

很久沒讀詩，不知是否越來越俗？也不知我現在是否面目可憎？眞的我快要支持不住了，這世界好殘忍。

國畫、英文仍在學習，愈來愈沒勁，動力好弱，不知爲何而學？爲誰而學？我怕，就要打烊了，關門大吉，把一切都關在門外，包括你，反正你總是在外……

五月二十日　今今

男生啊！又丟下我一人。

小卡很別緻，謝啦！大女孩要我說的。

不知忙什麼？也不知何時起，思維已枯竭，提筆超地球之重量。

風總是要吹，雲有不得不浪跡天涯的悲哀。

雲與風有飄零身世，雨和淚有飄濕的生命。

而──淚仍溫馨，雨何似冰冷？

去年雲與風未曾去駐足，走了就走了，似無情。

雨和淚像似忘歸的孩子，踟躕或猶豫，似多情。

又下雨了，也許在社會混慣了，變得現實，居然，我倒煩起雨來了。淅瀝嘩啦，噴得你一雙腳成了花腿。拿起傘，沒多少空餘可運用另一隻手了，反正討厭死了。

天氣晴朗時，太陽紅紅的由東方昇起。

又慵慵的從西方消失，多少情懷思愁。

多少雄心壯志，經得起如此的起落？

或許我該告訴你一些事，只是我怎開口，我不了解，現在的我是怎麼了。很單純的一個希望，說明白講清楚吧！很想一走了之，到美國學音樂，或學文學都行，錢沒問題，奇怪吧！只是，這一去去很久，幾乎要「永別了」。你絕不願放我走，我有些矛盾。算了。

七月十日　今今

男孩，你好！

你好，久未寫信，好像陌生了。每當我寫不出什麼，第一句我會說——你好。

上了一趟台北，我懂了一些說不出的感想哦！能說什麼。有些故事總得有個結束，人們有時不得不維持，是悲哀？是痛苦？是無奈？

紅樓夢裡的一首「好了歌」——可知世上萬般「好」，便是「了」，「了」便是「好」，若是不「了」便不「好」，若要「好」便是「了」。

週五下午六時到台中，才得知你來過。月底聽風喬說你要回來，確定日期，好嗎？對了！能談談你畢業後的計畫？九月六日我們開學，將是三百六十五天的忙碌。沒有禮拜日，沒有休假，只爲了那薄薄的文憑，沉痛。凡事看淡泊點是好？是不好？眞的是「好」便是「了」嗎？

上回說到一個出國留學的機會，那是眞的。記得我提到我那有錢的遠房表哥嗎？他和我媽談條件，每年給一百萬送我到美國學美術，條件是我必須嫁給他。天啊！這是一項商業交易行爲，而我是「商品」，我怎能接受。

好吧！甚麼天大的祕密，都告訴你，顯然此刻，我們還是一條心的，放心。

七月二十九日　今今

男孩：

對於我四周的一切，能說什麼？我只說：要來該會來，要去就會去，是禍是福？我能奈何？你亦無力承擔……

你學會了來試探我，我知道那些事，你是如何明白，故事很好聽，對不！？下回再編個來。

愛情是自私？或許是吧！只是，我未曾對愛情很苛。多年前那屬於另一種純摯的愛，經過時間腐蝕的結果，我說不出淡忘了或仍未忘懷。只是，人是矛盾又混球的。

我像無家可歸的孤兒，何處是兒家？我想盡力鑽出悶濕又黑暗的土壤。那外面的世界如此不靜，風雨無情，自己天份不高，我有些累了。媽媽老要打我算盤，我要去應付處理，眞累！你遠在天邊，無力能如何？也不知我的苦！

當你問我那些話，我心震著，多殘酷的懷疑！！令我想衝出這個地球，擊破這四周人們的言論。人的信心多麼容易動搖，你不知道的太多，太多！

人是平凡的動物，脫離不了塵俗，斬斷不了現實，我笑笑，搖頭那，人生能在意什麼？？

所有該說的和不該說的，全都向你說了，近乎坦白，你還想知道甚麼？在你面前，

我已沒有祕密了，你應該給我力量和信任，而不是懷疑！

八月五日　今今

男孩：

一直以爲你很寬容我，在寂寞中，找些來遣散，不知那會糟到什麼地步？出乎我的意料之外，我原以爲……

我要拒絕？甚至我想逃開，走向天涯海角。男人啊，是如何叫我失去些眞實，想擠得一團情絲卻纏得更迫。

誰會忍把浮名，換了淺斟低唱的灑脫？你？不會！！

八月十日　今今

男孩：

何處搜尋淚珠無數，化做延綿春雨……。到了新地方，由信中得知你和二位大哥約好，也代高興。再過幾個禮拜相信你們會渡假般的愉快，是不！？

當你們畢業典禮時，告訴我，你們的盛況一定相當隆重而叫人肅然起敬，三軍聯合。對了，還有政戰也在內。

滿了二十歲，對許多事，我好似想開了。此時，我比以前更心不在焉，包括感情。愛，這個字，始終讓我不懂，我們付出過嗎？得到過否？我愈來愈不瞭解我自己了，矛盾。愛，是什麼東西，我好淺。

對男孩們，我總抱著聊天，看電影。偏你們得寸進尺，我眞或許該成個「木頭人」般硬性。

記得上星期曾寫封信給你，或許你還未收到。生氣？我有何好生氣的，天天氣，不讓我氣死才怪！

上上星期的七夕，我因風喬生日，去了府上。買了樣禮物送去，你一向糊塗慣了。你有你的論調，重大節不重小節也，這就是你們男人。來世我也當男人，便可粗心大意，也有理由可找。不須一定要像女孩一樣得什麼細心囉！溫柔囉……人們給女人的枷鎖莫名其妙——。

十號我因人情，去郊遊了，你知上那？到屏東新的地方——佳洛水。不錯，我跑得最遠，到盡頭，我女孩子一個。結果曬得像黑炭，累得半死，下次再也不要了，要我的命。

八月十七日　今今

男孩：

信已接兩天，卻不知該寫些什麼？日子總是這樣過去。幾顆難於解釋的句詞，或交了幾個好玩的男孩，或看了那些書？我心寄何處？……。

黃昏時老是下雨，夕陽不見了。我不願帶傘，也沒人關心我身心如何？曾有人過份關心我，我惱怒地送回給他。我是不是有問題？病了？

星期五學校要我們打靶，請假去了。拿了八顆子彈，上去亂七八糟的打完它們。下來疼得我皺眉頭，青了一塊，紫了一塊，眞沒用啊！

問你一個問題，經得起失望或失去的滋味嗎？

風的呢喃，雲的飄逸，本是天性。蕩沉沉，唯給你的祝福是結結實實的。

九月十五日　今今

男孩：

莫做江上月，莫做江上舟，月照人別離，舟載人別離。告訴我，在生命的旅途上，什麼最重要？我好似都不再重視。

啼鵑喚了春歸去，風也淒淒，雨也淒淒。
一任殘花落又飛，韶華在眼輕消逝。
鶯也依依，燕也依依，幾度留春春竟歸。

春去了好遠的地方。秋快來了，黃葉舞秋風。

在你八寶皮包中我看到它們：

「港灣是爲妳而設計，
妳不能漠視它存在，
而再度駛入漩渦中。」

有感而發嗎？經常我身旁有漩渦，陷下去的當兒，我多盼有雙手，以無形的力量抱我上平安之地，而不是一連串的不滿及憤怒。可是，每回大都是掙扎中我浮沉的隨漩渦而攀上岸。於是，一次次我冷了，遠了，只恨我心竅太平淡。往後再有漩渦，我不能再跌下去，我必須自助自智，是不！？

你或者一直不知道，四周裏時有——我該怎麼辦？我總徘徊又徘徊。看看身份證，已冠上足法定年齡，我不能再「傻不龍冬」了。但願我眞能完全長大，成熟，不會有握緊自手，低著頭，帶遲疑腳步的景像。

好多話要問你，卻堵塞喉頭間，上不上，下不下。其實我也不曉得要講些什麼？問些什麼？

茫茫的海，隔得無望無際，將吾心換汝心，始知那——冷冷寒寒清晨與孤孤寂寂夜幕。

九月二十五日　今今

男孩：

秋風起了，好冷！可好？浯島生活樸實，很嚮往與羨慕，只是，何時能至……。

毛毛來信，十一月將有假，上台中看看。說想到秦嶺莊找「緣」，誰知道你哥們的「緣」指什麼？你去了那海的一邊，卻很少集中你的影子。夜長晝短了，你是不會孤和寂。

那許多的愛，我眞能都接納嗎？忽然迷惘極了。對你，我給付了幾層，我會虧欠。但，我相信無論這支詩歌，是否譜到終，編到局，仍然很美的。值得回憶，對不？

夜深了，盪在那很遠很古老的積木裏，如何排妥這些積木？怕是很難了。多少祕密在其中，欲訴無人能懂。

倦了，於是我尋找「太空漫步」。

十月十七日　今今

男孩：

你好！「天涼好個秋」，清風徐來，不覺得有些沉沉入睡之感，浯島氣候如何？

很久未曾爬方格子了，思維退化了不少。以前那種隨時揮筆的豪勁也消失，擔心再過一年我已成昏沉沉的白癡。若眞的成了白癡，豈不多妙。

桌上的詩詞也塵土撲撲，每日我仍上上下下，卻找不到空閒可坐下來好好想想未來。再七個月便結束學生工讀生活，剩下的要忙什麼？那個時候，我成了何模樣？在天之涯地之角的那處？看那海鷗隨波滄飛翔。我是否也會如此，像似會在刹那展翅。

國文現正上「赤壁賦」，唸過嗎？相信唸過的，告訴我一些感想，好嗎？

「愛」在我總不能出口，也不知存在你我間是否眞有這個字，愛是同病相憐嗎？我總認爲你知我家的狀況，負擔和無奈，還有許多你明瞭多少？還有，我媽很難纏的，我快投降了……

十月二十一日　今今

男孩：

有話總無去說，許多時候你未曾去體驗身於其境的滋味，心情……。我想說就說，想做就做，又傻又糊塗，又氣死人。更多的情境是身不由己，一股勢力拖住了我！

唉！等你回來，物非人非事事非，會嗎？會嗎？會嗎？我怕，我對你的堅持，我答應過的，會跳票，我怕。

飛機載不動，船拉不了那許多亂糟糟的絲團，懂嘛？

海峽太寬了，你太遠了！夢中總是空空的。不論日夜陰晴，不知怎好？許多心事用筆寫不出來，你卻在天邊，讓苦果由我一人獨吞，天啊！好殘忍，親愛的，太殘忍了！天大的問題讓我一個小女子獨自面對，獨自承擔，你去了那裡？

寧願沒有思想、抱負、目標，也不會這樣的。

單純點是有福的。

一年又過了，又如何算日數月呢？你不會懂得曾來去匆匆在迷糊中渡活的我。在許多時候，或者有些時候，我的話，無法用你的想法去表達。

很久未曾上鏡頭，所以沒有照片爲你寄上。

喝醉的滋味飄飄的，無怪乎有人願借酒消愁。你有吃湯圓嗎？瞧！又去了三百六

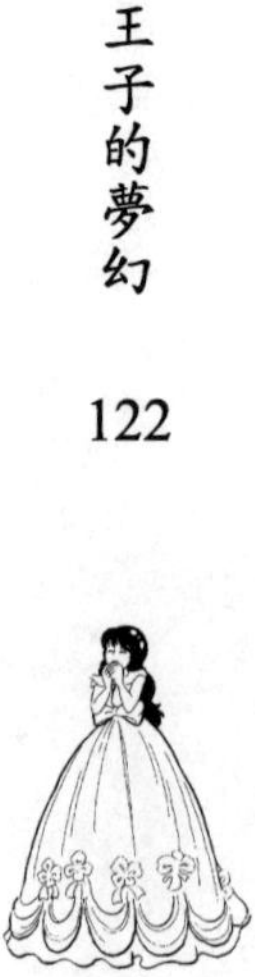

十五天了。

桌上的詩詞灰塵累積，也不知自己忙些什麼名堂？稿子更是生銹，你呢？

十一月二十日　女孩

情人：

回到家，其實我在何處都一樣，老是心魂外飄。在潭子總是想遠離，而今，如此想念那街道，曾走過的，坐過的，停足的，徘徊的，喜愛過的，甚至其他亂雜的，眞的好想。爲何我老想念那段逝去的歲月，多惆悵！

橫在面前的路途好坎坷，有太多無法解釋。

噯！好累的人生。我媽要我做個「了斷」，我無言！

工作隨便了，不太想再去亂蹦，至少在今年內。若各方面都稱心如意的話，我倒可去試試；只是六、七年了，再轉，我會完全沒有嬉皮笑臉及一副莫可奈何的心境，我會楞楞的——。

若是小鳥，將是隻「四海爲家的無季鳥，不受羈絆與束縛」。可惜上帝並未給我一隻翅膀，展不了翅，飛不了河川山嶺。就這樣，心總在風裡飄浮很久，很久了——。

依據我們女生的敏感度，和這些年我對你的了解，你是一個有幹勁的好青年，以後一定有一番大事業，更難能可貴的，你會是許多女孩心中的白馬王子，很想要的情人。就像你這一型的人，這是多年來我們可以「粘」在一起的原因。我也想我們是不是可以永遠粘在一起？

這幾年能擁有像你這樣的情人，應是我一生唯一可以稱得上「幸福美滿」的階段，往後沒有了，我很清楚。所以囉！對你，我是感恩的，不知你的感覺怎樣？相對的，我把「一切」，最珍貴的，也全給了你，此生無憾吧！

「一份眞摯情感深埋心裡，比變成婚姻更加讓人憶念永遠——。」啊！情人！我沒說再見！

十一月二十七日　今今

第四年

落花流水兩無奈

情人：

細絲好密，雲霧好濃。

像你遠遠的歸期，如天邊飛鳥。

有時候，沉思，回憶成了我的生活。

有時候，笑鬧，嘻虐綴點我的片段。

有時候，學業，家庭壓著我頭發昏。

經常裏，未來，前程橫倒我的面前。

於是，我幌著頭，擺著身，走呀走！

走呀走，我不知走向那裡！

走向你，你卻好遠，好遠！

走回自己的家，家又如何？老娘只想打我主意。

爲什麼？一個你隔得那般遙遠。

另一個他，逼得我透不過氣來……

而你——在浯島逍遙。

情人，來救救我，我被逼得透不過氣來，身爲情人有責任有義務。等我投降了！

再要來救，都爲時已晚，只是我這些話也是白說。一在前方「執干戈以衛社稷」，你能怎樣？敵前逃亡嗎？不許，我成了罪人！

一月十六日　今今

男孩，您好！

夜深，大概喝了咖啡，有點難見周公。好些日子沒動筆寫信了，人一懶就完了，老是不願意提筆。腦筋想今天該寫啦！又是一天過去，再過些時候，連禮拜天晚上也上課，可就眞的慘了。還有四個月，最近頂懷念消失的一、二年級。人似乎永遠如此，得到了，不知去珍惜。將失去，才猛發現其間的留戀。

開學了，一大堆的課外書沒看完，恨不得十來隻眼睛去幫著看完它們。現只好一目十行的飛逝去，可惜！

我後悔十九歲時沒好好把握利用空閒的時間，此刻我那麽多的東西沒學到，茫茫然。

有些人很混球，該死！有些人不壞，眞不希望傷害他們。我想我該長大了，眞正的長大，只是我，夠不上成熟。何時才能讓我成熟？需要多少磨難？都來吧！

歲月能給你這些，代價卻好高。

二月二十日　今今

男孩：

二十年魚沉雁杳，亂卉飄零。
生死禍福誰能料，舊情難丟掉。
北望群山，愁無限，恨多少？
間來便有酒杯寬，常共黃花同醉倒。
笑煞平生爲口忙，事業荒唐我已老。

人家給一張屬於交響樂的唱片，「搖籃曲」，搖得我直打盹。可是，好想寫信給你，寫多少算多少。

噯噯！我眞的要去睏了，拜拜！

對了！忘了告訴你，外邊呀！正在哭得傷心——雨。

二月二十八日　今今

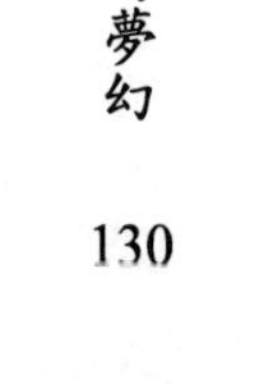

不喜歡生氣的中尉：

哦！只是一張充滿愛的信箋，你不知道，我有多難受！你的深情，我害怕是否能……。

偷偷送你一張女孩的照片，不准讓人喲，不然，她會生氣的，別以爲她不生氣，她是很愛生氣的。

三月八日　今今

仍住我心房的男孩，你正讀我嗎？

該寫什麼呢？靈感全跑了，不在了。眞不懂，不知道，不明白，眞的！

或許吧！要去的時候，就得提起腳步，瀟灑地走，留得住軀殼，也是徒勞！

不管怎樣，我睏了，於是，我要筆倒下。

三月十日　今今

男孩：

有件事想要告訴你……。對你的那份感情是複雜的。年齡愈大愈不知所云，迷茫，以前有此種感受，越久越深。越叫我深深地圍繞，於是老唸不下書，書本變成我沉重的負擔，發楞沉默也濃郁，裝瘋賣傻已不復存在。

我回到原始時代了，努力去把這原本不好的破船開進你說的港灣。可是，好不容易進去了，又讓原來的因素，此刻的壓力飄了出來。昔日總讓我停泊的港口，這時，我不再尋了，隨他去浪跡吧……盪至船舊了，破了，散了，消失了；隨大浪沉了，淹了……。

經常信裡滿是你化不解的深情，我好恨自己，好恨自己。每回想對著您低低說：有好多，好多事你未曾透徹我。你曾說：女孩只要愛她，無須了解她。

能說什麼？我又能說什麼？我相信你是好男孩，好丈夫，好兒子，好朋友，卻無法切切實實讓我全心靈的說出我的心事。這一世，我未曾閃著眼對任何男孩道出那難出也易出的三字。有些人是好人，有些人是好友，有些是好哥哥，有些是……嘆息，皺眉，搖頭。我真的開始老了，老得只有這三個表情而已。

看完此信，我不知你會有多少感觸。

身體是愈來愈弱，外表卻是堅拔的。一圈五彩繽紛的泡沫球，好美，碰的一聲，破了，毫無碎片與其他。

不寫了，外面是雨，我害怕自己也找不到滴水的雨點，會下不完的。

開朗點，你是男孩，怎會因情而困，有美好的前程事業等著你。莫爲路旁一朶微不足道的小野草而慢了你的腳步，亂了你的心。

愛我也罷，恨我也罷。什麼也沒有，爲何愛我？？？愛又是怎樣感受，問你？問我？都不，去問天。

三月十五日　今今

男孩：

有時候，我想，似乎要毀滅自己。心靈上，空洞洞，於是，行動裡，只好莫名其妙的「划過去」，我眞不懂自個。

一直希望能全心地去完成某些事，爲什麼?老是把握不住飄零的思域。這一生許多事，犯太大的錯，過去的永不能過去，磨削不了，除非剝去我腦海的細胞。

經常，很想對你說，可是我總無從無去。或者，只有來世我再告訴你。

你眞是癡人，我願上帝將我重塑。

男孩子不應太過重視情感，是不!?錦簇的花園中，少了一朵小花，並不損去什麼!世界仍舊生色美麗。

是嗎?我愈來愈年青，臉上的刻痕，你又怎能發覺。此刻，我希望我是六十歲的老人，中間的歲月，若能刪去，就不要顯現出來，傻人竟說傻話。

三月十八日　今今

男孩：

世界大概只有我最傻最笨，只有我。

你是好男孩，有許多優點。唯一缺點是，你愛了一個不好的女孩，唯的一缺點，別的太小太小了。

「哥哥」？那一類的？「哈囉」？那國的？且教教我。爲甚麼好花開不久？爲甚麼好景不常在？爲什麼誓言會變質？？？

是的，你不會倒，長這麼大，未有讓你倒過的事情，只讓你難過看看，好灑脫的一句話，男孩，好灑脫，得之我幸，不得我命嗎？

回想這幾年也算值得，鳳山黃埔校園內處處有我們共同的回憶，重大節慶你帶著我參與，你的同學們早把我們當成「天生的一對」，這和豐功偉業同樣值得。想想這些，不也很快樂嗎？

誰知道局面發展至此，全出乎我意料之外，壓力、折磨、親情、理想和現實，全纏成一團。那是我一人能面對的！你在浯島把酒言歡，無濟於事。

我累極了，極了，怕連累你，我會倒的。有人說我幸福，不明白有些什麼？擁有的曾是你的一份情與愛與鼓勵。而現在，或者，沒了，沒了，人說要付出與接受，是

不是！？

是的，何謂「愛」？一個原則？我不了解全部！！是雙方的完全付予及接受嗎？？？？愛不需要條件配合嗎？？

人的思域很廣，很闊，誰能保證了解別人多少？又了解自己多少？你能嗎？能嗎？我永不了解，永不了解！！

信我是寫了，寄了，怎會掉呢？每回提筆，千頭萬緒，千言萬語。剎時，我丟掉了許多紙筆，蒙頭大哭，卻找不到淚水，哽咽無聲。我不要長大，不要地球轉動，不要這世界，不要聽人們的言語，人們的眼光，不要，……。

上帝，你創造了世界，請你收回吧！生命你給，也請拿去吧！男孩，你會喝酒了，來，乾一杯，如何？最濃的是什麼？

四月十二日　今今

親愛的中尉：

歌闌人散，萬籟俱寂。

你會回來嗎？等你千萬年。

曾經聽你說過的。

日子雖仍二十四小時，卻好似失去一千四百四十分。

幾回，幾回，偏又空白，文字至何去了？

我是自私的女孩，若擁有六十年，三分之一已逝。

現，你可好？可好？

現在我抽半分鐘還寫這許多字，不只兩個！我本來是忙，亂糟糟，烏七八黑的。說我閒也是，那是我懶得天天埋教科書，尤其是懶得思考天氣啦！服裝啦！電視啦！連一些詩詞我也不想動腦筋。愛發愣又是一片白皚皚，傻瓜的瞪著。比以前還迷糊幾千倍，上帝把我腦袋瓜帶走了，不知是暫借或永久，眞不知啊！

五月十二日　今今

男孩：

畢業典禮在一連串的致詞中圓滿結束，三年來你總是鼓勵我，於是，我將這紀念送給你，沒有你，我也沒有今天。

無論那地球如何地轉，如何變，我永遠想念你，你也會是不！？沒上課覺得好懶散。想想你，回憶我們的日子，還是快樂的。

男孩啊！你正在前線的戰場上打拚嗎？有形的敵人好辦，無形的敵人難纏啊！

很久沒提筆，能對你再輕語嗎？只怕腦袋止著，地球轉動了嗎？我還是公主嗎？告訴我，眞誠地說吧！

讓我告訴你，我很好！你呢？

很累的！很累的！

讓我休息一下，一下子。

不寫了，不寫了！祝福你

事業成功加愛情得意，加……

七月二十日　今今

風姿綽約的中尉：

過些天你就返回海峽的島上，眞的，如果我是個大男孩，我會積極地爲自己生命的存在而有意義的活下去，讓生活更有些色彩。可惱的是，初中踏入社會，竟不知把握這世界寶貴的時間。如今嫌晚了，歲月讓我空白的塗抹，不想它了。

敬愛的軍人，你未到金門就提了那句話，我含糊的未曾回答。這回你又再次提到，我仍舊不知所以然。你那句「恆春回來」，我垂下頭深思著，有人說：我不該。我眞的不是學校的好學生，老愛不專心，老愛放任自己。如此下去，我曉得會一無所有的，給你這位校長徹底的踢出教室，請出校門。你幹嘛不好好的管束我，一昧的放任我飛盪。往昔幾年我依賴你過多的鼓勵，及數不盡的關懷情意，也因而我付給你一份非常的喜歡。把幾年來的思域，嘮騷全掃向你，把對詩詞的雜感全衝向你，把對人生的委曲不滿全推向你。其實，結論我是個毫無長大的笨女孩，我是個混蛋透的女孩。

身爲國家軍官，是值得驕傲，難怪你那位意氣相投的兄弟要來一句「風姿綽約」表得頂符合。

夜深了，我不禁唸著前南唐中主的詞：「手捲眞珠上玉鉤，依前春恨鎖重樓。風裡落花誰是主？思悠悠。」

九月十日　今今

公主與王子的夢幻

140

第五年

往事不堪回首月明中

男孩：

秋天很冷，不是嗎？還記得在初識的時候，你來信一句話——我不願在沙漠中找到甘泉。也許，我得堅持去尋覓另一處豐足的水源地。

這五年，也許有六年吧！時間不長不短，卻肯定可以成爲永恆的回憶，而且是美麗、甜蜜，如你所說是「靈肉合一」的回憶，這是世間的珍寶，我們共同有過，夫復何求呢？所以這段情已值百年婚姻，是不？

我說過，你是女孩心中的白馬王子，你會找到更好的女孩，你是好人，上帝或佛祖必定要厚待你。否則，他們的理論全都要破產了。

多少言語，無法表達許久的時光，所讓你鼓勵的，關懷的……內心永無法忘卻。

你的好友，相信也給你一些話，使你心靜思更靜。要三思行之，眞的！你那兩位好友是難得的兄弟、朋友、袍澤……。

讓些不了解的事埋葬，我已爲它們舉行了一次禮儀。沒有音樂，沒有花園，有的是一道圍繞著迴盪的秋風。還有亂七八糟的落葉，不過，我已滿足，十分的滿足，因我曾有位重視過我情最深的朋友，不枉此生……。爲你的前程好好打拚努力，「兒女私情不足掛齒」，或許古來好漢英雄當如此，小女子我理解得未免太晚了！

五年深情一輩子也絕不可能忘記，我也不打算忘記，我將帶著「你」流浪到天涯，伴我一生，到來生。

你雖只佔有我五年，已經是我的一生。

你雖沒有給我婚約，深情已綁我一輩子。

我的一生有這五年，夠了，其他是多餘的。

我的一生有你，也夠了，其他也是多餘的。

二月一日　今今

嗨！男人，眞正的男人：

此刻，我心如刀割，萬般痛苦。但我仍以慶幸的心情告訴你，你仍是一個可靠可敬的男人，困難若能排除，你仍是我的男人，有機會嗎？

謝謝你幾年來所給予的，原先你就有更多的「成功」，讓你去追求。爲我，你擔誤太多，所幸，不遲！好好去。於是另一成功你應去追求，夜深，而我的祝福比夜深更深深，完全出自眞誠的心。

畢竟，「她」是我母親，我不能與她敵對一輩子，我們都是中國人，時間會沖流許多遙遠和複雜的。

謝謝你的關懷，居家生活如意嗎？日子不過如此，世界可有如意，快樂？太陽東方昇起，移至西方落下。滿天星斗，偶爾一輪清月，整山相思樹叢。一些惦記，思域，懷念在夜裡圍繞，卻有種似前未有的滿足。外面的忙碌，虛實暫離而去，歲月或會令我腦漿緩拙，又何妨。算算四五年了，混沌也值得慶幸，有太多的人們是聰明的。

你有堅定的意志和毅力與恆心，相信，不論人與事，都稱心如意。再祝福你，直往永遠……。

眉頭和淚水我會丟棄深谷，仍是笑臉的女孩，不會的，不會悶悶不樂。還會再胖。

三月一日　今今

情人，我願是你生生世世的情人：

今世卻只能是夢中情人，多麼地殘酷。不知道要如何向遠在天邊而仍住在我心中的你，寫一封信或說兩句話，眞是心有千萬結，無一能解……

兩個月了，我眞以爲自己能消逝於這世界！好嗎？這些日子裡！似乎也很久沒收到你的信，想必你心情也不好！

在家時曾接你信說：放不下——。而時間遠去，自然會淡忘的，相信會的。望著過去，就似飄失的雲煙，看不到蹤跡。唆！不發詩興，我可還活得頂好的，別爲我擔心。我相信過不久你也會「雲消霧散」，還是活得好好的。

圈子愈來愈窄，現在年紀大把，卻仍盪盪不定。答應我，找朵嫺靜的芳草。今日我血液裡流著一份叛逆，或者像你一位朋友言——我的歲月並未讓我成熟懂事。

許多人說，人生像一場賭局，更像一筆筆交易，我愈來愈相信。只是，爲甚麼現在的我，賭輸了！

我已答應了一筆「交易」，下週我就要去美國，先讀完紐約美術學院再依約嫁人。未來也許成爲一個「貴夫人」或「富婆」，但肯定的，我不會再回台灣了！我雖住在花園洋房裡，你卻住在我心裡，你是我今生永恆的情人。人家擁有我的身體，你擁有

我全部的心，來生全都給你。

啊！男孩：

你了無遺憾。

中華民國六十六年五月四日

一個叫今今的女孩

給今生的情人最後的留筆

第二部　懵懂王子的大夢

流浪者之歌

阿華隨著社工人員從美國回台灣一段時間了，他想要回來找他生父。其實他心中是有些矛盾的，找到又怎樣呢？

阿華很想去想像他第一個父親的音容，但是儘管他有多豐富的想像力，那塊心田依然荒煙蔓草，滋養不出任何意識的胚胎。只因爲他根本想不起那個男人的輪廓。

住在海邊有個姓王的漁夫確實是阿華的第一個爸爸，打從住在母親暗無天日的肚子裏迄至十七歲的那年，才由姑媽的安排，去看過那位目前已非他父親的生父，誠屬可悲。阿華在茶餘之餘，偶也自嘆，同是人生一條路，他這條卻比別人要崎嶇難行。

阿華的奮鬥力極強，生命富有韌性，諸多不如意的事他也認定了。不去理會那許多外界擾亂，且對未來始終有一個美麗的遠程目標，他相信「天生我才必有用」的用意，他想有一天會大展鴻圖，讓這一生沒有白過。旁人看起來這樣一位勇於過五關斬六將的青年人實在可以刮目相視，覺得他不是環境的臣民。

雖然阿華沒有固定的住處，二十歲以前可以說也無固定的爸爸。明日是否再換位

爸爸，他也不敢肯定，也許上天再給他一次的試煉。他想自己是個平凡得不能再平凡的人，所以他要追求不平凡。就像是水往低處流，人往高處走。這三言二語中包含了多少極富樂觀進取的人生態度。是的！現實的生命是苦的，若再去回憶惦記著那許多的酸溜溜，眞是舌頭也要長出黃蓮樹，所以阿華臉上總是帶著笑容，很自然，不像是那種情非得已而演出來或強自扮裝的苦笑。笑，美化了他的心靈。

有關那個姓王的漁夫的一些殘垣片斷都來自阿華母親的口述，講起他媽媽也夠苦了，一生就拖了幾個孩子，和吉普賽人似的奔走天涯，受盡流離失所的滋味，卻未嘗過吉普賽女郎那份閒雲野鶴的遊蕩不羈之雅興。中國女人誰願意去拋頭露面呢？每次遷居都是逼上頭來的。

不過這個在風霜裏奔走的女人很勇敢，不論她怎樣由夫家被騙出門，而後又死了丈夫，兩手空空的拖了幾個累贅的臭小鬼，卻不向環境低頭，還要叫他的小孩去唸書。她告訴小華一句很富哲理的話「人可以餓死，但不可以被人瞧不起」。她的行爲沒有那一點不能用來證明這句話，終其至今五十年生涯，她用一種近乎硬漢的堅強毅力，擊碎了所有橫在眼前的阻隔。她改變了「女人是弱者」這句名言。

女人只要爲了子女，再微小也變得偉大；再弱也成強人。而這個女人堅韌至不受

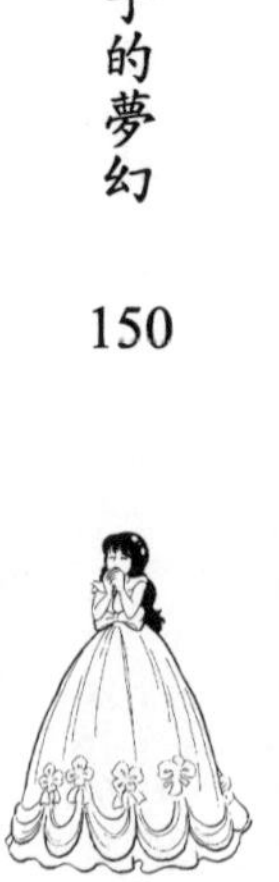

此限制，不管爲了兒女或爲了要活下去她都能高視闊步。當然這些有一個最大的作用，是對阿華做以身作則的教育。阿華自小受母親薰陶，已具有仁慈和對環境的以柔克剛之內力，再加上本身具有男人的堅強態度，融合成了他媽媽心目中未來家中的千里駒。

阿華現在正好二十四歲，事情應該追溯到三十年前。約民國三十四年，那時他媽媽雖不國色天香，卻也是個婷婷玉立少女，和當時俏麗女孩更不遜色到那裏，正散放著青春氣息。只可惜當時人們重男不重女，有的生了女嬰乾脆提出去埋了，免得把她養大送出門還要賠錢賒本。他媽媽生在這個時代這種家庭，的確是最大不幸。那有像現代女人這般「女權過度高漲」，想要向男人取回她們以往所不能得到的「自我」，選什麼委員還得爲她們保留名額呢！

阿華的媽媽當初一嫁到王家，婆婆便說她沒人緣，什麼長得叫人生氣，其實都是雞蛋裏挑骨頭。責備她今天飯菜煮得太少，當時王家窮，景氣又不好，巧婦難成無米之炊。稍有不好當著衆人非打即罵，他媽一時也認了，不去計較那許多，總是認爲女人，嫁雞隨雞，毫無怨言。

那當人丈夫的漁夫看在眼裏，固然有些難過，也不敢吭一聲。就乾脆母命是從，他是個沒有個性的男人，不像這頗具哲學味道的東方民族的子民。牧童也有哲學，乞

丐也有個性，但我們很難發現這個男人有什麼樣的人生哲學，若有也是屬於女人那種軟弱哲學，和他的漁夫之職很不相稱。

此地無意評論「唯母命是從的孩子」是錯是對，更無意鼓動乖兒女去頂撞父母。但是當自己父母行爲違反了常情常理，甚至近乎故意虐待時，傳統下的「三從四德」及「孝是母命是從」的定義是否應重寫？弱者是要受到情理法的保障的。「天下無不是之父母」，不錯！但是父母和子女都同時服從情理法不是更完美嗎？

阿華常認爲父母都是人，人就有犯錯的機會，故「天下無不是之父母」之言非恆是，眞理才是恆是。每個人都來追求「天下無不是之眞理」，眞理像是太陽，是恆是的象徵，所有份子均繞此太陽運行，就是個有次序的世界。

他媽媽在這種環境下煎啊熬啊的過了三年，眼看自己的大女兒已經兩歲。她就爲了自己生下這個女兒，被婆婆認爲是沒有用的女人，生不出一個男孩來。這時肚裏正懷著阿華，她婆婆一想可能又是個女的，就以這個孕婦工作不夠賣力爲由，要她出門，今後不得入王家大門。於是弄得村裏一些人出面抱不平，幾個善士乾脆湊點旅費叫她自己出來謀生，她也答應了。她眞的不相信自己會像婆婆講得那麼沒有用，臭豬頭也有個蒙鼻菩薩。她狠心一下，非闖個名堂不可，天地之大何處不能容身，一定要呆在那受人虐待嗎？

就這樣，這個女人沒有流淚，她帶著兩歲大的女兒小玉，懷著肚裏的阿華流浪去也。有說不盡流浪者的心酸淚，要流嘛會直到身體枯乾，只好往肚裏吞。

阿華出生後當然也得和媽媽過苦日子，直到大約三歲那年，一個千載難逢的良機，碰到一個好心的美國人，願意帶他到美國受好的教育，且每年都可以回台灣看媽媽，生命有了轉機。

說時遲那時快，阿華現在竟也二十多歲了。十七歲那年回鄉去看那位漁夫爸爸，是一個瘦瘦黑黑，終日不言的打漁人。

要去見這麼一位人物，阿華內心很興奮，也帶有幾分痛恨。這十多年的他，就似乎是一部小說，自己是「尋父記」的主角，當然一定自覺演得很精彩才有相見時的興奮。也頗覺驕傲的，天下多少奇男子，因其不能善爲運用本身之奇，而成了環境的臣民。初中讀到的那段「天將降大任於斯人也，必先苦其心志……」給他莫大鼓舞，他更堅強了。開始瞭解諸多苦難是上天有意安排用來教育他的，別人一個爸爸，他有幾個爸爸，唯其奇特而不同於人。他想他以後一定要有一番作爲，才成其「與衆不同」的角色。

想像之餘，阿華也抱恨那個漁夫，恨他不能保護媽媽，不夠資格當男人。阿華心目中的男人是女人的靠山，不但是妻子痛苦時避難的，而且是心靈創傷時的心理醫生。恨他害了媽媽到處流浪卻沒有勇氣挺身說話，沒有男人的魄力，阿華的感情複雜了。

第一個爸爸的不敢負責使他有了以後的幾個爸爸。

天啊！這麼多的爸爸，是何用意？助他、害他，還是煉他？太狠了，女人無罪，孩子無辜。

（本文作於民六十四年）

鄉下人的禪和哲學

從這麼多的文字裏，我們的確很難找到一組字群來把它們二者做完美的區分。概念上我們覺得「禪」和「哲學」是多麼地抽象、混淆。但從生活上我們又體驗到人生便是一部不成文的哲學史，而禪又是這部哲學史的全部內容，離開了它，生活不但不完美而且不完全了。由此我們再領悟到他們的自然化與生活化。

當然，哲學的生活是一種極眞、極善、極美的生活，世界上有誰的生活能夠得上「哲學式的生活」，那麼他是最幸福的。因爲它沒有任何範圍的限制，甚至想像中的外在世界也是屬於你的生活領域。劉大悲先生在其一篇「禪與生活」中開宗明義便道：「我們日常生活經驗無一不是禪機，所以禪不能離開生活，離開了生活便沒有禪」。哲學家又認爲所有人生、知識、宇宙的領域都屬哲學範圍，則禪和哲學又有什麼樣的關係呢？又說：「禪是一種見性功夫，是掙脫桎梏，走向自由之道。其目的要使我們隱藏的活力得以自由發展出來，使內心的一切創造力得以發揮」，而國父則指出：「人類有了哲學，就有了求知，它是旅途的明燈，指示你光明的大道，人生的眞價值。換

句話說，不了解哲學的人，一定不懂人是什麼東西，活著又爲了什麼」。如此，我們又進一步的瞭解，禪和哲學就好像表兄妹那樣接近的關係。他們有其共同目的，都要幫助人類了解生活和生命，使我們眞正的啜飲生命之泉源。然而，絕無法明確分析他們超越的概念或劃分兩者界線。因爲當我們領悟之後，便和禪與哲學共溶爲一體，我們生活在禪機裏，而禪本身也包含了我們。如天地之間，飛禽走獸，花草樹木和我們同是自然所化育，視之應如同類。張載說：「民吾同胞，物吾與也」，正是此理，能有此工夫者，儒家謂之聖人；哲學上這個境界叫「天人合一」。

天和人如何合而爲一呢？天這麼大。科學家說，我們銀河中像太陽系這樣的行星體系就有數百萬個，而宇宙中更不知有多少個銀河。在我們看來太陽系已是浩瀚無涯了，實際上它在銀河系裏眞如恆河中之沙粒一樣。地球用滄海之一粟去形容，還太瞧得起哩！那我們人類實體和一刹那的歲月在萬古長流的宇宙中又算什麼東西呢？可以說近乎不存在了。此地所指乃思想之合一。張載西銘：「予茲藐焉乃渾然中處」，可見這個幾乎等於零的實體，也是宇宙中不可缺少的玩意，決不能和天地隔絕，也不容忽視，不容自卑，不但頭頂青天，腳踏實地，更配稱「萬物之靈」。人如生活在禪裏，瞭解哲學的人生，那麼感覺裏自己在宇宙中雖微不足道，卻是最偉大的。

青原惟信所謂的「未參禪時，見山是山，見水是水；既參禪後，見山不是山，見水不是水，可是悟禪之後，見山又是山，見水又是水」。

未參禪時，你和自然尚未發生關係，二者各行其是；參禪後，山與水便和萬物做了朋友；進一步悟禪後，你和自然不僅是朋友，你全部的精神都融在自然裏，而自然也包含了你。你生活在自然裏，同時自然也住在你心裏。此時，山水和你一樣具有生命，不再是死水和不動的山，它們也和我們一樣活潑、跳躍。俗言「我見青山多嫵媚，青山見我應如是」正是此理，這和我們瞭解哲學的程度跟生活境界成正比的關係居同一原理。

依照咱們中國人的人生觀與傳統哲學，不僅偉人，就是平凡人也能修到這樣的境界，稱之爲「天人合一」。外國人講究「征服自然」，所以人與自然永遠對立，永無合一的可能。但人與天鬥，終是鬥不過，自取滅亡，這是西方思想的困境。

到了這個境界，人對哲學的修養，對禪的悟性可謂登峰造極了。天是人，人也是天；主體是客體，客體也是主體。人和自然是完全的合一了，不過這個合一，是自然在你心中而你並未吞沒它，它依然存在。你也未因山之大水之廣被消失，你依然是你，還是存在的。

據我這鄉下人粗淺的理解，中國的禪（禪宗或禪學），和中國的哲學一樣，追求的是人和自然的和平統一，也就是「天人合一」，達到完全是靜的境界。西方沒有禪，只有西方哲學，認爲社會進化動力來自矛盾、衝突和對立的過程——我很懷疑，打架的目的是爲了和好嗎？

（本文作於民六十二年）

讀書情趣

在這個物質進步的社會裏，讀書可以說是最高的精神享受了。繁忙了一天，偶爾能拋開世俗的煩雜，回到沉思的世界去遊覽一番，那眞是最好的解脫。可以使我們心靈進入一個安祥的境界，得到眞正的休息，看到更廣闊的意境。

星期天我常喜歡在圖書館或教室裏看書，有時逛逛校區，帶著書本走在小山坡上，。有人說我是讀死書，我確自覺得書被我讀活了。我想讀書就像吃飯，可以塡飽精神上的飢餓，也是體內必要的養份。又像一項娛樂，百米鍛鍊腿力，讀書在磨鍊腦力。也是旅行的一種，別人有錢坐飛機環球觀光，我窮小子一個，從紙上去訪名山大川，「秀才不出門能知天下事」。讀遍天下書，不也玩遍天下嗎？又省錢。

有些人認爲好不容易有個假日，所以一到星期天便到外面「大趕其數場，大壓其馬路，大用其山珍，大泡其馬子」。晚上帶著一身虛脫上床，第二天週會便站著睡覺，簡直自我虐待，何來情調。假日在學校看看書，划划船，我想是比山珍海味還美的享受。

其實讀書之樂並不僅此而已。一個會讀書的人，他的生活領域有如茫茫大海廣擴無邊際。當他讀到一本古書，他似乎在和那長眠已久的古人對談，並且在欣賞他那道貌岸然的形態。當他讀到一本西元千年的科幻小說，他又似乎置身於火星之上，觀賞那宇宙奇景。處事以寬宏的度量，遇有患難也會安然處之。古人說：「讀未見書如得良友，讀已見書如逢故人」。讀書情趣眞是難用筆墨寸管形容。只是這種讀書樂趣需要自己去培養才行，光靠父母老師念是不夠的。

山川原野也是一本巨大的無形書，遍歷三江五嶽，五洲三洋，可以啓開埋藏已久的無數眞理並且發現許多書中所沒有的寶貴知識，叫人大開眼界。

今日物質文明，科學發達，即使一本好書也很便宜。以看一場電影的錢來買一本書是最適合不過了，因爲電影看過即告消失，想要再看又得買票。而買一本書你可以在書裏盡情覽閱觀光，不必再買票，此何樂而不爲呢？

（本文作於民六十年）

雨日散曲

聽雨

已經有多少日子沒有細聽雨的傾訴，有時它不像「傾訴」，而是要對某人發威或洩憤。

近日，常有片刻的傾盆大雨，似千軍萬馬衝殺過來，打得操場上的勇將「落花流水」。喜愛那碧草如茵上水茫茫的一片，美極了！正想把酒臨窗（其實開水也沒有）就憶起白居易的詩句：「大絃嘈嘈如急雨，小絃切切如私語；嘈嘈切切錯雜彈，大珠小珠落玉盤」。不知這位蝦蟆陵下的琵琶女工琴藝眞如此高竿，或詩人錯把琴聲當雨聲。

睡覺

有誰願意逃避這份享受？我。從來就對它沒有好感過，因爲人生用在這方面的時

間夠多了，只能減不能加。

於是，假日及其他休息時間，我總是盡量動一動，找點事情幹，不願讓青春消失在夢中。也難怪古人思秉燭夜遊，前人對歲月的流失有如此敏感，吾等當效法前人，善加利用此一短暫的人生。

有一些人喜歡在夜間工作，而在白天補充睡眠。這種人永遠顯得睡眠不足，精神萎靡。因爲他們在精力衰退時，強迫自己抖擻精神；又在精神旺盛時強迫自己去休息。

假如一天要睡八小時，那麼人生百年便睡了三十多年，實在很可惜的事。一天少睡一小時，累積的時間可以讀一個博士，這個「睡覺算術」有人算過否?

（本文作於民六十年）

給丫君

朋友！你爲自己在這幽曠的大宇宙中感到渺小而悲嘆？不必，人在無限長的時間與空間中，本來就是微不足道的。山川叢林比人們偉大，飛禽走獸都比人更有能耐。

你曾爲人生幾何而迷惘？那是多餘的！如果人生沒有幾何，那生來幹嘛？難到上帝造就人就像人養豬嗎？

你曾抱怨生活枯燥無味？笨蛋！所有的生命樂趣，生活情調都握在你的手掌中！

你會因某事而痛苦不堪？爲何不想想純歡樂或悲愴的曲子不會是名曲，眞正多姿多彩的人生應包含喜怒哀樂的。雖然羅曼羅蘭說過「人生是一場無休、無歇、無情的戰鬥」，果其如此豈不累死，所以你必須從無休無歇中尋求歡樂。

你昏昏沉沉，庸庸碌碌過一生；他拿出幹勁在漫長的大道上開創出生命之光也是一生。同樣時間，兩種結果，何者爲妙？何者價值高？問自己！

或許你又要問：「我已經付出許多，何以不見代價？」我們有時的確不能把一時的得失，眼前的高低看成一種絕對的得失或快樂。今日之失可能是明日之得，今日之

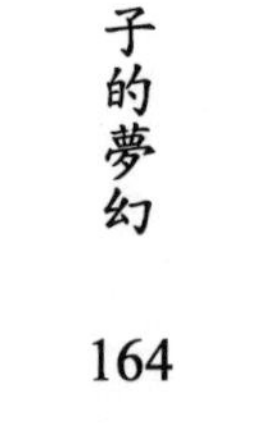

悲可能引出明白的歡笑，愛因斯坦也不能對此劃出一條明確的界線。

朋友！假如你只要做個稱得上人的人就行了，那就不吭不哈的開始，向那些無形的敵人展開作戰吧。

（本文作於民六十三年）

實習隨筆

學校安排這個項目，主要的目的我想並不祇是讓我們實習士兵生活。而是要在畢業之前，先讓我們了解部隊環境，見識一下未來的大家庭，有個適應準備。

進入部隊不到半個月，我發現有些資深士官半生戎馬，他們感到國仇家恨始終未雪，愁難滅。內心免不了要充滿痛苦、悲傷和不滿的。於是在一些不開朗的時光裏，便有米酒和花生作伴，偶爾也上個「八三一」解決一下「需要」。儘管如此，他們對國家的貢獻仍是不可低估的。連測驗，營測驗，裝備檢查，他們默默的工作，絕少出毛病。獻出他們的經驗，這方面年青一輩是不能望其項背的。

「我們是不行了，看你們啦！小伙子……。」

「我們已睡進棺材大半截，到時，只消把蓋子一釘，就萬事ＯＫ！」

試想過半百而有家歸不得，誰能不有空虛的感覺。這些幹了二、三十年的老戰士，論官職不過士官，年青小伙子修養又不甚高明，當然令他們冒火。

有一點是關鍵也是易於觀察的，成了家的士官要比單身漢穩健得多，他可以把希

望冀望於子女，大陸上的父母即使含冤九泉也感到欣慰。自己也能獲得一份滿足與寄託，晚年有人相伴，縱是雨打芭蕉，也減少幾分淒涼。

有學識的爬上去了，留下的普遍是程度較差的，大字識不到兩個，有的名字都寫不好，想幹也是心有餘而力不足。又涉及國家制度或某種困難不能退下，青年軍官修養不甚到家，有時又要受些階級上的悶氣，不稱心快意的環境下，種種不健全的心理病態源源而生。

如果以上是資深士官的苦悶，則追溯原因的原因，是我國百年來內憂外患礙及教育之發展。教育是國家的生命，以往我們敗了一百年，現在應用兩百年的時光與精力來大力建設。

要解決這些「臨時問題」，我想與年青的軍官們溝通兩個觀念，不仿參考。

第一：年齡大的資深士官設法爲他們安排輕鬆而又能發展特長的工作。這樣，部隊便是清一色的青年戰士，便於統一教育，訓練一舉兩得。

第二：資深士官的年紀幾乎等於我們的父執輩甚有過之者。所以對待他們絕不好有一點官氣，避免用命令口吻。儘管在公開場合中階級有高下之分，但私下也該讓他三分。給予最多安慰。當他有一天心情不好又不幸發洩在你連排長身上時，也宜按捺一下，聽聽他的苦衷吧！

再者，血氣正剛、衝勁正強的吾輩年青人，應以敬老尊賢的態度對待他們，起碼讓他有「失之東隅，得之桑榆」之感，這是我們應有的修養。

這次實習生活，筆者有一個感覺：兩個半月的實習所得，相當學校教育兩年。學校只是一個「實驗室」，不走出實驗室是看不到眞相的；同理，當官的人不走出辦公室，多到基層看看，也是看不見眞相。

（本文作於民六十三年）

我的回憶

我像一隻綿羊。

我時常記起那遙遠的回憶，我可以很清楚地聽到往日每一段歲月中自己的足音——我很乖。

一向對學校功課很重視，每次考試都能輕而易舉地及格了，在星期天總是由一些唱片、書本、吉他伴著我。偶爾也被黃埔湖的萬千蜻蜓吸引住，看她們在水面上追逐求偶，一在平靜的波面產卵，便起了一圈漣漪。

春天來了，看整個校園片片密密濃濃，地上鋪了一層青綠色地氈。百花爭艷，青松欲滴。我否認了天堂是在頭頂上無限遙遠的國度裏，它不就近在我的腳下嗎？

春天去了！夏天來臨，然後又漸漸遠去。

晚餐後的黃昏，是一天中最優美的一段時光，我都不忍心讓她消失太快，即使下著小雨，也願意伴到最後一道餘暉告別才離去。如果是在沒有陽光的陰天，也愛凝視

那些趕路回家的烏雲，雲下伴著幾隻歸鳥，也是萬般無奈的匆忙。「去吧！趕快把所有人間的醜事帶離視界，把一切傷心事驅入墓場埋了！讓我忘記世上所有的不公平。」我每次都這樣告訴那些趕路的倦鳥。

聽說飯後散步有益身心健康，所以三年級那段時間，大部份的黃昏都和兩位哥們一起繞著黃埔湖畔，也不知走了多少圈。那時正是芳年十七、八的作夢年紀，我們愛談一些令人費解的哲學，尤其是連自己也不懂的哲學問題蓋得最「來電」了。當靈感從潛在意識湧出而超越了意識世界時，靈心更似雷電交加或海流擊岸的掀起一陣陣感應。亞里斯多德那班人爲何有著那麼多靈感，原來他們都了解散步的奧妙。

日復一日，我像一頭小綿羊，乖乖的在大地上吃草，黃埔湖的水爲我要飲而儲存，「怒潮亭」爲我們休息而建造，我忘了時間的流轉，預備班三年就這樣過去了。

我像一隻牛。

突然有一天，聽說預十三期就要「化龍」了，我好高興，眞的要化龍嗎？改變一下生活方式，到天上去呼風喚雨，興風作浪該有多刺激。

那天，一大早理個三分頭，扛著行李，整隊準備去「化龍」。教育班長已經開始

叫了，「不像樣」、「麻木不仁」之類的字眼如打機關槍似的放個不停，好險大家心理有數。不過，未成龍且如此，化成龍之後不知有多慘。果然入伍生三個月緊張刺激，每日生活充實，從來不會有一分鐘浪費掉。記得蔣百里先生說過：「生活條件與戰鬥條件相合者強，相離者弱，相背者亡」，軍事教育最能培養積極精神。

一、二年級過得很平實，就像一頭牛，默默地耕耘，遵守著「今日事，今日畢」的原則。不論養牛的人心情如何不好，總是被我以靜制動的順受了，沒有一位主人肯忍心隨便責備那頭忠於他的牛。

這段時間我對功課，身體和知識三管齊下，功課依然保持原來沒有紅字的紀錄。鍛鍊身體成爲每日必修學分，因爲我已經很清楚地了解健康的身體是事業、前途的根本，沒有健康身體，一切無能爲力。尤其是一位軍人，身體就是本錢，對軍人而言，體力差都是一項重大打擊，健康不佳的軍人，不能面對戰場上的困苦激烈的場面。再者是學識領域的推廣，我同時意識到學問對一個人的重要，就好像警覺性之對於一隻軍犬一樣。所以除了自己功課之外，特別加強一些課外知識，於是我忘了黃昏何時來臨，預備班那些夢樣的生活都已離我遠去了。

三年級下學期我對學問的範圍有重大改變，以往只限於「K」書。這段日子我體驗到生活即知識，無論所見聞，甚至高山大海亦無一不是學問。難怪古人說：「活到老，學到老。」一點不錯。

我像一匹馬。

有位老師說：「讀了十年書，人都不如我；再讀十年書，我不如人；再讀五年，便什麼也不懂了。」當我邁向官校第七年時，更覺自己所學無幾，尚待加油者還多。沉靜時自己客觀分析一下和預備班時代做比較，也的確進步許多。所謂「積土成山」應是做學問的最佳形容，雖然目前尚是一座小丘，但官校已經把我培養成一位永不後退的青年人。現在將以一匹馬的態勢衝出陸軍官校大門，奔向另一段人生旅程。

（本文作於民六十四年）

忘不掉的音符

過了的南國生活總令人感到一陣跳躍，六月天氣加上青年人的熱血，便每支曲子都是洪濤巨浪的洶湧，內心也是澎湃者。整個人都覺得積極、爽快起來，每天都可以飛起來的。

每當黃昏來臨，玉兔姍姍東昇，移輕蓮步，好像是著帷裙的少女那般可愛；溫柔的光輝似玉女流波，當她回眸一笑，問君今日多少愁？全身飄飄然，有愁也稱不出重量了！

清晨，我愛走上天台看那淡淡澇朝，輕輕的波動、波動，而這世界，不動。一覽遠近深深濃濃的綠，而後迎接即將突破地平面的第一線光明，他帶來了今日的希望。一天要開始了，要怎樣把握這一天，心中盤算著。

林語堂先生道，清閒是最高尚的藝術生活。身為軍校學生過得是分秒不差的軍事生活，但誰會在流汗夾背的白天逝去之後，不去竊取這些能與自然同在的機會來陶冶心志呢？忙裏偷閒是一件要花工夫的享受，因為要「偷」得不誤事，「閒」至內心清

靜無爲的效果。這需要一點能耐，也是一種思想。

不論往事是不堪回首操場上，或似一縷炊絲縹緲山間，到如今已杳如黃鶴，我都喜愛去品嘗那種回味，細嚼每一幕的追憶，蛛絲螞跡也好。但不是每一種回憶都是甜蜜的，例如「馬子」在後方發動「兵變」，這是苦果。苦果就是苦果，絕不會變成甜蜜的回憶。孫子、吳起兵法都讀了，就是沒教後方發生「兵變」怎麼處理。

畢業後，同學們勞燕分飛，我們遠赴金門來保衛鐵幕邊緣的聖城。戰地生活與學生時代截然不同，我想人不能始終停留在一個段落，人必須尋求突破自己，才能有所作爲。未來是一項挑戰，我勇於接受。

我愛追憶，卻不願過去重演，我的生存是爲了探求未知領域中的東西。只有在未知領域裏，才能寫得出更多忘不掉的音符。「忘不掉的音符」要從今天開始創造，屬於我創造的作品才是永恆的。

過去之所以有「忘不掉的音符」，是因爲和她曾有很長的一段眞情，投入了感情而沒有達成預期的結果（雙方都設定了），這是一生的遺憾，怎能忘記？任誰也忘不了。

人的生命中，不論那個階段，現在的、過去的、未來的，都會碰到或感受到一些

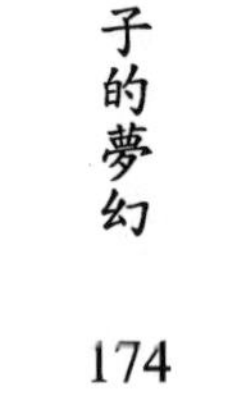

忘不掉的音符。有美麗的、藝術的、動人的、遺憾的或轟轟烈烈的，都有，這便是人生，這便是生活。

那些過去的遺憾，雖然永遠忘不掉，算了，別想她了。畢竟生活要過，事業要創，你有更多的是未來，而不是活在過去。看吧！早晨的霧依然舒服，黃昏的雲彩不也漂亮嗎？

（本文作於民六十五年）

自毀

在人類歷史中一段不幸的災難和最大悲劇可算是現在了。同樣是造物主化育的靈魂，我們共同住在太空中這個要奔向無限遠的太空船裏；都冀望在行程中火箭發出高熱的衝力，太空船安全牢固。

只因某些人失去了理性，便要迫使別人也失去做爲一個應有的及與生俱來的人性；只因他們的心中沒有了上帝，就要把衆神驅逐出人類的生活環境，他會稱心快意嗎？我的結論是「自毀」。史大林的女兒史微拉娜不也生長在共產主義那種社會中，接受無神論之洗禮？最後奔向自由，發表聲明：「我發現人心中沒有上帝，是不可能生存的。」這個上帝就是存在每個人深心中心的理性良知，有時稱爲神。

馬克斯想把所有人都訓練成同一感情，同一意見，但回顧歷史，可知共產主義所爲一切歸於枉然。其人民心裏依舊有一個上帝，而且需要得更強烈眞誠，因爲他們深信「他們在苦難中哀求耶和華，他從他們的禍患中拯救他們」。這種根植人類心中的信仰，就是馬克斯等人所無法克服的大敵。那些「生於斯，長於斯，學於斯」的俄國

文學家也發現他們有著自己的人格，但在俄境是不能表達的。那裏的統治者不相信人會爲自己思想（他自己除外），所以要在每個人的腦中注入同一種思想素，使看起來整齊劃一。

古今中外有許多統治者或政權，都用自己的思維去衡量他的人民，企圖使人民的思想「整齊劃一」，全都失敗，沒有成功的史例，共產主義只是只中之一。所以，統治者想控制人民的思想，實在是「自毀」——自毀長城。

人性中的良知良能是「放諸四海皆準」的，美國人、英國人、中國人……或白人、黑人……都一樣，都具有的，此無疑問。除了人性是一種自然本性外，我以爲文化也是。

爲甚麼說「文化」也是自然本性的一種，因爲是各民族經千百年，在自然界所創造最合自然法則的生活形態。例如，世界上有名的「文化典範」是中國文化、印度文化、伊斯蘭文化，這是人類在不同的環境中所創造出來的「珍寶」，是人性、理性和自然本性的合成。違反這些本性的一切作爲，都是自毀長城。

這個世界的主持者是人，人性和理性是人類社會中的自然本性，違反了人性就是背叛全人類；一切行爲不以人爲中心，不以理性爲基點，就註定要滅亡了。海裏住有魚，若某魚違反了魚性亦是背叛魚類，將受到全魚類的攻擊。宇宙萬物有其固定的行爲軌道，皆順著這條大道運行。順之者則生生不息，逆之者則逃不過自然法則的淘汰；人雖稱「萬物之靈」，卻也不能違反「道」，道也者，萬事萬物應行之路，違反了都是「自毀」——自毀長城，自取滅亡。

從人類歷史來觀察，有時也懷疑「人是萬物之靈」的說法，因爲每個朝代都有統治階層要爲他的子民「洗腦」，欲使思想「整齊劃一」，也都失敗。但人總不會記取教訓，一再的自毀長城，爲什麼？

（本文作於民六十四年）

（二〇〇七年春補記：這篇文章寫於三十多年前，我二十出頭。三十多年後的台灣，我又看到台獨政權搞「去中國化」，教育部長杜正勝助紂為虐，從教科書「去國文化」、「去中國文史化」，都是自毀長城，自取滅亡。杜必受天譴，必受歷史之批判，為何這些人只為「烏紗帽」，要幹這種違反人性、理性和自然法則的勾當？）

書之頌

有時候覺得書像美人，不管男人、女人，對好書大多喜歡，那是一種吸引力，就像女人，對雄性都有吸引力，美女吸引力更大。

人世間最多人追求者，不外財富和美女，是謂黃金屋和顏如玉。惟我愛書，書多多益善，非爲「黃金屋」，更非爲「顏如玉」，只因爲一卷在手，濕潤了我枯乾的靈魂，充實我空虛的胸懷。

於是，我愛上了書，它是婀娜多姿的李香君，是沉魚落雁的西施，看古今多少嬪妃宮女爭奇鬥豔，多少英雄壯士在我手中展示他們的才華。

看千年萬古載載翻飛；看五百年天下，分分合合；看才子佳人，悲歡離合，多爽快。眞是熱鬧啊！

「書籍是天才留給人類的遺產，世代相傳，更是給予那些未出生的人的珍貴禮物。」愛迪生對書的讚美是多麼眞誠！是的。唯書不死，它是由人把筆墨紙硯加入虎膽汁的結合體。甚至是加上靈魂的活體。書給我進步，給我平靜，它是聰明人的結晶。

不朽的書，如論語、聖經更是人類歷史和智慧的精華，我把它們燒煉成丹果腹之。

有了零用錢，我的習慣是這樣的，先拿來買書，用不完才作他用。我將以一生來愛書，甚至可以捨皇冠而求書，它叫我純潔了，叫我到老年時幫助衰退的記憶力來回憶童年；又甚至用我超意識的感應來閱讀每個人內心的一部書，芸芸衆生。我以爲不論何人，何時駕返瑤池，都是一本完整的書，不去讀他豈不可惜。我愛用書表達我對朋友的至誠，買一本送給情人（她也愛書）應是我對愛的最佳表示，也許就會用書來做對女孩子的結婚贈禮或嫁粧。以書來做我們夫妻之間的橋樑，溝通思想，爲我們拉起愛情紅線，爲我們舖出幸福的大道。

一本好的書是具有靈魂和肉體的，正如貝多芬的交響樂，在人們心中永遠蕩漾著美麗的漣漪，在人們心靈同起共鳴。讀書之於我，生活情趣爲要，美女財富次之。

不聞先生之遺言，不知學問之大；不到書店逛逛，不知世界有多少知識待君開發，一望無垠的書海。從何下手，讓我把一生的空閒，排出個計劃表，從中文起步，決心把所能得到的每一本書讀得「狗血淋頭」。讀書要深入，要讀出一些心得，要能體會人性的明暗及眞理所在。讀書除了要有恆心，還要有狠心，每一本書都要貫穿書的前緣到後緣，若問這種欲望從何而來，無他，是人生的基本欲望。在昏昏昧昧沉浮的欲

海裏，乃是必然之現象，我因不足而求之書。僅僅在物欲上大量滿足，心靈依然不得解脫，比之不足更顯痛苦，王國維在評論紅樓中說過：「生活本質如何？欲而已矣！欲之無性無狀，而其源生於不足。」

世上千百人，各人讀書目的不同，或爲「黃金屋，顏如玉」者；或爲名者——十年寒窗無人曉，一舉成名天下知——。我爲知識不足，而求之於古今中外名書。

從一首詩洞悉文學家峻潔光明的生命力，澹泊淳古的心靈和人格——讀李白的「床前明月光——」。

從一首詞看宋太祖大軍南來，勢如破竹，不亦苦哉！

君王城上豎降旗，妾在深宮那得知？

十四萬人齊解甲，更無一個是男兒！

女人也有堅強的時候，而男人更有懦弱沒種的時候！

書，是電子計算機，記錄儲存長久資料；是電影，主動的演出歷史事跡，公平地告訴你成敗是非。

又觀英雄氣絕，美人駕返瑤池，才女香消玉殞，千古之人生因之憬然有悟；宇宙天地，形象裏外，亦覺妙趣橫生了。一人之思想、理性，一隻小狗之生命、感情無不隨經卷之展讀，雜陳面前，具收眼底。

看岳飛被秦檜、王氏等一干人害死，一代忠良化做「滿江紅」；恨雪難，仇未報，眞教人火冒三丈。

會讀書的人，壞書變好書；不會讀書的人，好書也變壞書。願天下愛書人，皆能了解書，閱讀書，著書，愛書，並且終生與書爲伴。

讀書如果光爲黃金屋、顏如玉、股票、財經等而讀，是很不健康的。讀書是雕琢心靈的藝術活動，由此而提升心靈境界，所以不讀書定使人面目可猙，言語無味。讀書也是啓動主觀世界的運動機制，由此與客觀世界產生積極交流對話，所以不讀書常使人自大固執或腦滿腸肥，很難有所長進。

我希望我一生能是愛書人，讀書、寫書、教書，把書當成一生的好朋友、益友，而不是光爲黃金屋和顏如玉，從書看世界、看宇宙，比用眼睛看的更深、更遠、更眞，其妙無窮。顏眞卿有一篇「勸學詩」，勸人讀書要趁早，「三更燈火五更雞，正是男兒讀書時；黑髮不知勤學早，白首方悔讀書遲。」年少的我就愛讀書了。就是不談黃金屋和顏如玉，至少使生活豐富、情趣起來。

你常被罵「一肚子草包、胸無點墨」或更難聽的嗎？問題出在你缺少一位「情

人」，「書卷多情似故人，晨昏憂樂每相親。」把書當成你的親密伴侶，其妙無窮，其樂無窮！啊！情人，我愛妳。

（本文作於民六十三年）

這一段征程

當校區的鳳凰花開如爭奇鬥艷的選美大會似的，展開另一驚人姿態時，引起我們同學一陣不安的情緒，雖然我們最少也吃了四年黃埔飯，身爲學生王子的四年級在老弟們的心中是理想軍人的化身，我們挺起的胸膛使他們崇拜，我們「目空一切」的無敵隊伍叫他們敬畏。

只是學校生活好像一直叫人長不大，對於不久將要下部隊的事情總是帶著一份不濃不淡的恐懼感，如何去面對那千變萬化的新環境呢？彈指之間，由被管理者轉成管理者。這種立場的突變對一個黃埔學生而言，不能不說是一個轉捩點。

花開花謝，它們不也年年成長，從小樹葉變到婷婷玉立，「樹族們」可不像人類的太太小姐們，受不住風吹雨打的溫室花朵一個，它們也受了校區這種充滿軍人氣氛改變了氣質，不是嗎？當初春臨幸人間，操場上的小草們個個抬頭了，我聽見他們歡呼「啊！我要開始一個新環境了。」

它們的堅強、樂觀教育了我的心志，要我去僅記住一位老軍人的話「到了任何一

個地方，首先適應環境，而非改變環境」。的確，人創造了環境，環境也影響人，我極力企圖抹掉內心那層不安，一種莫名其妙的衝動。

畢業的前一個月除了心情的游移不定外，生活也塗上一層天藍色的色澤，五月的雲特別烏黑，五月的鳳凰樹在悲淒，顯示了孩子們內心的未成熟和對世事不夠精明老練。後來表現於外的是畢業前兩週覺得排長口氣總是帶有挑戰意味，本能地不想「甩」他，當一個領導者，雖然排長是個小領袖，但當他不爲部下所甩的時候，是會惱怒的。爲此我挨了一個大過——大姑娘出嫁，第一回。不安的心情開始動盪起來，我拚命想找些正當理由來爲自己辯護，他非聖人怎能忍我，我更非超人如何能無動於衷。事後我譏笑存在的一切，都是笨蟲，只會計較眼前的利害得失，其他的呢？笨！

突然間，我聽到自己的跫音已邁出官校大門，那是革命搖籃唯一的進口，七年前從此入，七年後從此出。桑田本無太多變化，但是漫長歲月已消失，追念往事，所學有幾？我發覺很多事情的突變常是一念之間，此一念之間則是成敗分水嶺。蔣公病中隨筆「成敗之分在絲毫之間，存亡之分乃由於一念之間也。」由此觀之，桑田已成滄海，世事原本無所謂「變」及「不變」，都只是內心的一種感覺而已，人是這些變化的幕後主持人，哲人哲言，足爲吾輩青年三思之。

逝者如斯，不分晝夜；來者終是要來。

六十四年九月十九日是這部未寫完（正在每天拚命地趕）的傳記中頗可懷念的日子。扛著火熱的午後太陽，裝了滿懷感傷揮離親朋好友，塞了滿胸熱血奔向征程。我步上了「二二九」的第一階梯，更告別了美麗之島的每株草，我的心情是這條沉沉重重的船。我奔向沙場，家！可愛的家，那臨時旅館，對年青人而言，的確不是「久留之地」。我只是有意利用畢業假的十多天在那裡修養生息，待精力充沛時，展翅遠飛。

家，充滿關心、溫情，這些現在都要放在一邊，我已能自立。家裡，是堆滿了水果、花叢、歡笑的安樂窩，我要甩開，免得去了雄心壯志。「人要事磨」，那兒是個溫室怎是個砥礪場所，它該只是個加油站。

家！四面牆立，壓迫了我要飛奔的心，那兒只能容納我的一隻腳，另一隻卻掉在門外，那裡只屬於老年人，年青人都應「離家出走」。那個以大地爲床，天空爲帳，山岳爲牆的「大家」才夠氣魄。

我終於醒悟，不再感傷，中秋之夜，我坐在一條好大好大從未坐過的大船——二二九——上。夜空繁星點點，浩瀚大海泱泱，太闊了！人生不就像一隻船一樣，在茫茫海中，無時無刻不在把住它的舵，朝向目標航行。

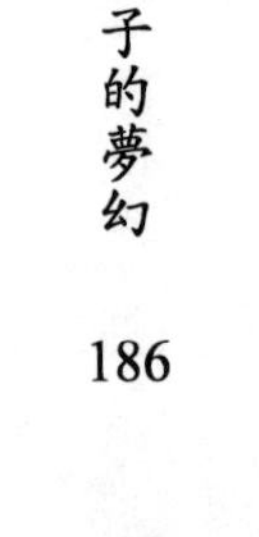

我們的目標就是金門。六十四年九月十九日我休完畢業假，登上「二二九」這艘軍艦，抵達金門，事前聽說中共要如何「歡迎」我們，所幸很順利到單位完成報到。

（本文作於民六十四年）

不朽時空

是來到金門的第一百二十二天，怎一個「忙」字了得，也好，不要胡思亂想。但到夜幕沉沉，夜闌人靜時，不由得不想她。不知怎麼！我們的信愈來愈少。

算了！我總不能因而自己垮了，能之何？把握時間，盡好自己職責要緊。

我發覺自己很早以前在潛意識裡，每天就像一個吝嗇鬼似的計較著日出日落；一個好吃鬼一樣兩眼瞪著每一時刻的流失。轉眼片刻再提起寸管，時間已似滄海桑田，一切成追憶。要與時間賽跑，古往今來從無贏家，然而我想去試試看。

時間對於我正如雙乳之對於一位青春少女那般敏感，以致深覺得不能隨意讓一天消失，挽留之慇懃恰似她們保存自己的敏感帶不能隨便奉獻出來。我總覺得，這一天應該有什麼收獲或應該有一些對事物新的領會和觀察，應該……應該，太多了。

你我都無權授給自己二十四小時，每個人都是不自覺不自由地命定來到這個世界，無權且不可能後退了。當你還是一個精子的時候，便本能地向前飛馳去尋找生命，等到生命授給之後，又要命定你一天天的渡過。只是在歲月的過程中，我們則有權用經

驗去設計自己的理想。於是因爲自覺我獲得抉擇，可以有自由的抉擇以創造授給的這一日，使這原本空白的，留下一點什麼。我不敢說留下一個句子或一件事，五百年後要人們都來研究其含意。但這也是一種理想啊！年青人就有這份令人敬佩的不自量力狂，天不怕，地不怕，甚至在小小心靈中找不出一個「怕」字。勇者不懼，懼者怯懦，弱者的魔王乘機進住心窩，對一切事物就會失去信心，面對頑敵挑戰時，只有投降一途了。

一天未來，我開始期待。來時我運用自己的權利抉擇行路的方向；去了，我回顧那些留下的點滴，是否有負自己，有負朋友。一分鐘是獨立體，當它六十份組合在一起時，則分子之間犧牲己見而成一更大之結合體。每一分鐘在我心裡像是塊骨牌，一個個疊積起來，他們縱橫關係是親密而相吸，他們不得不且必須結合爲一體。時間在我身體中最適當的地理位置——方寸之間，構成一道生命中的長城。這一彈指之間，就是自我歷史上永恆的一部份。

一堆不到六十公斤的骨肉，論重量不如一條豬，論所站空間不如一頭馬，論跑步速度更不如虎，其憑啥住於斯而慢條斯理地統治萬物，造物者創造萬物妙處在此。豬必傾其畢生之力努力養肥自己，供人魚肉爲其崇高之責任。馬壯以供人騎，虎威以供人觀賞，而人則用智慧管理衆生。我雖僅以五尺之軀存在浩大無邊之宇宙，卻爲之驕傲，吾是此地主人也。恆河沙粒雖小，皆爲組成恆河一份子；我雖小，是人類延綿不絕的歷史一交接站，若無我，歷史無以交待，人類種族失去香煙。

豬能履行其職責——肥而後受宰，我何能項其背？固然說牠們在「白刀入，紅刀出」時，有聲淚俱下的哀嘆，也並非是牠不服從裁判的判決，不過是「悲歡離合」的自然現象。在無限時空中，誰有本事做到眞正的「不以物喜，不以物悲」呢？是故其不爲此自然現象而悲，而是絕別衆兄弟而淚灑滿襟，生物所表現及其內涵的感情合於一也。

君何不到豬舍參觀，牠們多麼勤勞的運用每分鐘養肥自己，勤奮者在豬類中同樣可以造成「聖豬」，牠的生命已成牠們歷史上的永恆一部份。

世間唯一現象是萬物之「天行健，君子以自強不息」的精神，一直在履行其所負使命。在無限浩渺的空間和恆久的時間裏，不論蜜蜂、螞蟻……花草樹木，甚至「X星蝴蝶」或「Y星狗」，都因其負有與生俱來的任務而生存。

朋友！一天去了，我已在空白的時空裏，留下深厚的痕跡，我是不會對不起你的。

人所能把握的是時間，自己手中的一小時要怎樣用，我總有權利吧！而且那是造物主

給我的「權利」。

至於那些不能把握的，情人隨時會在後方發動「兵變」，官位不一定得到，錢財會花掉或被偷，環境隨時會有變化，都算了，別強求了。

自己好好把握時間，盡到本分，創造自己的歷史最重要，把每一分鐘都做好就是不朽，人都盡其在我，自我實現，就是全人類的永恆。

（本文作於民六十五年）

湖海別朋友

人生如果沒有朋友是很寂寞的，生存便失去了很多樂趣。

那個在湖海中分離的知音人，每在月下聽我撥弄六弦琴，我們的精神常是水乳交融，分不清琴聲還是小溪潺潺的流水聲。他，許久不見了。

學生時代形影不離，有「夫唱婦隨」的暱稱，畢業後都遠赴四方追尋那不朽的偉業去了。如今身在千山萬水外，內心依然是往日情懷，只是人在異鄉爲異客，每到佳節倍思親，其中的懷念自在不言中。

「他們如何了？」一股強烈的感情在內心深處鼓動我去想起他們，也許這就是知己分離後獨有的感覺，一種不可或缺，代表友情深淺的感受。

一位不知名的小文學家說過，用分離來考驗人的感情最眞實可靠。不論愛情與友情，都可以從他們分離後的信件內容來推論出交情的眞假深淺。有人以爲男女之間的愛情是不會有這種獨特的感受的，我則認爲二者都是愛，只是表示出來的型態不同，差之毫厘，失之千里。其所得的結果當然不同。

老友的信從海的那邊飛過來，除上言加餐食，下言添寒衣外，還說「剛到部隊便接值星，幸虧上蒼佑我，一切順利，也得到連長的信賴。」看到朋友的成就，可能自己不如，但有一份喜悅在內心。

跟著歲月的奔逝，我們長大了，分離也多了，願我們的分離是力量的擴張，分飛到各處去尋找每一個部門所要的知識，爾後溶於一堂，發揮分工與合作的最大功效。不是嗎？等有朝一日，光復神州，江南塞外，不有更多的分離？

「月有陰晴圓缺，人有悲歡離合，此事古難全」可見分離一詞在歷史上是名正言順，甚至「合情合理」的現象。就說它是一種存在的東西吧！是我們生命中一種有意矛盾的不自由選擇——強迫分離。但願，朋友！我們不要辜負分離的意義，且要強調它的存在價值。你不也說過：「凡存在者，必有其價值；若無價值者，必不存在。」我也相信凡事定有其消極和積極的雙層意義。分離若不具有相當含義，世間絕無此事之存在。

老友，爲了時代給我們的使命，爲了對歷史有一個交代，爲了要給父母一個回報，爲了表現我們年青一代的懷抱，我們勇敢地接下了每一個分離，我們僅在不同的角落，尋找相同的東西——分離的代價。

（本文作於民六十五年）

媽媽的聯想

妹妹的來信說，媽媽十分掛念，整天盼望著！

啊！媽媽，叫我如何說起，我在前線何曾不想您呢？回信中依然請母親不要掛念，誰家兒女長大了不遠走高飛呢？我違心地說了這一句。事實上每當夜靜人深時，臨行的叮嚀和您雙頰上的淚珠便都出現在眼前，我的懷念也相等於母親，若不爲了糾正這荒唐的時代，我就是個不孝子了。

媽媽不識字，但她對別人的同情和關心遠勝過許多讀聖賢書的知識份子。對子女的愛更是無限且無價。要到金門之前媽帶著我在包公前許了個願：「若吾兒平安返鄉，要打塊金牌來。」且不論其所爲對或錯，都表現了母親愛子之心是想盡了方法，還深怕自己能力不足，加上神明的力量，雙重保護。雖然您付出如此多，卻不願兒女日後買金屋華衣給您做爲代價，只願我兒平安，長大。我怎能不盡平生力氣，爲報答母恩，努力奮鬥呢？

若不是爲了報答母愛於萬一，若不爲了報答許多的親友的鼓勵，也許我的奮鬥不

會太積極。「爲了報答別人才奮起」我曾這麼問過自己，這夠得上積極嗎？只爲了人的給予才奮鬥，若別人不給予呢？是否就因爲失去外界刺激而退下。不成了被限制和被動的生命嗎？生命的動力應是無限不受約束的，我不僅爲了報答外界之給予而奮起，更爲了要在內在育出「施勝於受」的意義而奔向旅程。所以生命力該是源自個體本身。

我相信人生的過程是多變而非機械；歷史也不是因外界安排著「正反合」而依此發展，是人類自創的。

母愛的力量足以使犯罪的兒子懸崖勒馬，是浪子飢餓時的精神糧食，母親則是兒女成家立業的一等顧問，是漫長征程上的一隻鞭子，但是眞正的能源是來自自己的內心，自己才是一切的起頭。

我愛想，從媽媽到梅爾夫人，到靜睡在陽光下的小狗。他們本無關係，但經我聯想，都成了一幅圖上的各個角色，因爲我的大腦愛做體操。

（本文作於民六十五年）

千古歲月話「人」

三百萬年前時，……那時候……。

地球上已有飛鳥走獸，更有森林湖泊，江河沼澤，可能早已有了玫瑰花和紫丁香，但那兒美不美呢？愜不愜意呢？一點也不！那時早就有「雲破月來花弄影」的佳境，不過遐不遐思呢？一點也不！爲什麼？因爲沒有人在。

「人」，眞的那麼重要呢！是很重要，那些都是因人感覺其存在、美麗、遐思、愜意，才在人類生活領域裏有一席之地，甚至價值連城。人名之曰「花」則爲花，人名之曰「月」則是月，人類又用特有的美感來美化她們。就有了春花秋月，良辰美景，供我們人類去享福了。

時間本是無，空間本蠻野，二者皆無知無覺。當人出現後，他們開始運握乾坤，劃破了寂靜空無的空間，擬訂時間的定義。有了起點和終點，於是遠古、中生、近代以垂百世，在時間和空間所及之處都加上人的色彩。人使時間不斷拉長，使空間不斷膨脹，人因而可以「視道萬里，思接千載」了。

小橋、流水、古道，斜陽本是寂靜無精無靈，客觀的虛體，是人把無聲無息的小橋構思成有形有色。流水本無意，是人潤之以形態美和動態美，事實上萬物之本體已生來具有某種意義，但它們沒有智慧不能「自我推銷」，一切非人之動植物亦無能爲力，唯人可以命名之，提拔之。始將「蔓草榮骨」「栱木斂魂」等脫化成靈氣四散，精神煥發。

人者無限，非人者有限；人者主觀，非人者客觀。無限使有限幻化成無限，進而有無合一，是謂人生至高境界——天人合一。主觀引動客觀，進而主客合一，謂哲學之至高境界，舉凡人皆有哲學，牧童也不例外。故已存在且具有智慧之人，統合由人名之始生動力的哲學，兩者合爲一，把人帶入「道通天外有形外，思入風雲變態中」，突破了億萬年以來未能被其他生物突破的時空限制。

有形而有限的軀體加上無形又無限的智慧心靈，才使得人成爲「齊天大聖」。其能力何止於神通廣大的「七十二變」，吾人還以爲可以成爲觀世音菩薩，無所不能，無所不在。佛家不是說「人人皆有佛性」嗎？準此，人人都有機會成佛。

有一天我們可以只吃一粒「仙丹」做事半功倍的工作，甚至根本就不要做了，動下嘴巴（以音波控制一切）就行了。可以一睡二百年再起床，青春依舊在，眞是長生不死了。或者一個寒假可以遊歷太陽系，欣賞太空奇蹟，也可能女兒在月球上讀護專，兒子在火星當工程師，爸媽在水星的別墅裏，每到星期假日則約會在金星。朋友！我尚未就寢，這也不是白日夢，而是事實掌握在人類手裏的。所以君勿小看這小不點的腦袋瓜子，他的能力可以從目前的統治風雨湖泊，進化到未來統馭宇宙內的光電波動，經現在的下臨江海到奔上無限長之日月星辰，這是很有可能的。再百年，有機會啦！

「浩浩乎！平沙無垠，敻不見人。河水縈帶，群山糾紛……」。大自然的生息是人賦予的，人不存在自然界，一切存在者皆不存在了。也就是沒有人，一切等於零，處在虛無飄渺間。

你是「人」，現在你如何定位自己？又要如何定義自己？

（本文作於民六十五年）

談羅素的教育

讀一部動人的傳記，我想主要目的是把自己的思想和那偉大的思想相比較，以校正自己落伍或不合理的觀念，學習其不平凡之處，培養自己博大的胸懷，熱愛全人類的心靈，進而體驗與偉人同在的樂趣，享受和羅素、泰戈爾等人相處的滋味。

細嚼這部「羅素傳」，我也把心底的意念和那被稱爲不平凡的產品相比較，也把它拿來和現實的潮流做比較。雖然個人的見解與目前學術思潮都和當年羅素的主張不同，但我們不必太強調他的失敗，也許他在當時的社會太突出，熬不過潮流。時代每分每秒都不斷進步，不停在改變中，明天的學校教育思想，可能和羅素教育思想不謀而合。

一九二七年，他和夫人勞拉．羅素在美國彼得斯菲爾附近創設畢肯山小學，他的教育方法和當時一般學校完全不同。若與我國傳統儒家的教育思想比較，簡直是背道而馳，不倫不類。我們中國人教育學生，首先要他明理尙義，造成一位進退有度，彬彬有禮的君子。而羅氏教育他的學生是給每位孩子一切的自由和絕對避免壓抑，他堅信，小孩子一旦在任何方面受到壓制，總有懷恨的傾向會產生。通常要是無法將胸中的憤怒發洩出來，必然會蘊積在內部而化膿，雖然可能暫時隱藏不露，但在不知不覺中給他日後的一生帶來形形色色的壞印象。同時他說：我們允許小學生撒野，他們高興說甚麼話就可以說甚麼話……否則他們要說的話，就不能一吐爲快……因此他們想叫我或他們的老師「笨伯、呆子」他們就可以如此做，目無尊長的事在這裡不會制止。

當然羅氏是偉大的教育家和哲學家，他有許多不朽的作品，惟在小學教育的某些方法，近乎「兒戲」。這當然從很傳統的觀點，才做如是批判的。

我以爲羅素把世界上每個人均看成了「不待文王而猶興的豪傑之士」，把一些天眞爛漫的兒童也視同有自制能力的成人。他把一切自由給了他們，無知的小孩完全無能去善用這個自由。他忽略了人類有墮性，大多數的人是要人督導，當他受到合理教育愈多，這個墮性愈少。國父說得好：「人不能生而知之，必待學而後知；人不能皆好學，必待教而後學。」初等教育如果不帶一些強制性，學者很少能學到好東西。爲了要國家社會培育更多的人才，來爲人群謀福利甚或爲個人不浪費光陰，強迫教育是有必需的。因墮性的存在，使人不能全心全意去學習。以前教鞭可以策勵學生努力用功，現在不准用教鞭來表示師道的尊嚴。不過無形的教鞭還是迫使許多學生不敢貪玩。

如果把羅素教育法用在高中或大學以上的學生，那是最合適不過，因爲他們的智慧之鑰已被啓開，瞭解「以不侵害他人自由的自由爲眞自由」的意義，就會善用所賦給的自由；同時知識水準到了一定程度，所知更多，也就不會叫他們老師「笨伯」了。

羅素不論在何種情況下都不會對學生施行體罰，他認爲孩子挨打，在感情上會激起一種痛苦，複雜的騷動。這點是頗合乎當代教育思潮，現在從上到下各級無不大聲疾呼不能打罵。他又力主父母的殺生行爲，甚至殺的是黃蜂和毒蛇也不例外，千萬別讓小孩看見。國家社會的敗類和害蟲我們也應以公平而合乎科學的精神待之，而非表示憎恨，這樣可以養成和平、博愛的情操，及悲天憫人，熱愛人類的胸懷。這些都與現代教育不謀而合，所以說偉人往往是超越時代的。

羅素辦畢肯山小學失敗的原因，主要是他的思想走在時代前端太遠了。他那高超的思想和現實社會差距過大，而且太過於把人優秀化（人類本質是萬物之靈，但他的天生品質有聰愚，智慧有高下。），次要原因才是艾倫・伍德所說的：「這所學校無形中成了一些問題學生收容所，那些學生都是被傳統學府擯出的，如今允許自由發展，這不啻是縱虎歸山，只能導致更大的混亂而已。」

老師管理學生誠如政府管理人民，給予過份自由必放蕩不羈；太束縛則社會人士又疾呼：「國家主人翁，不能太苛刻」。政治的權能區分原理應該可用在教育上，離心力和向心力保持平衡。學生尊重老師，老師愛護學生。那麼，學生可以安心的學，老師可以盡力的教。雙方都在這種安詳寧靜的學習環境裡，必能達到教育目標。

（本文作於民六十二年）

夜遇

某夜，與友駕一葉之扁舟遊於黃埔湖之上，湖面無痕，蟾兔不見，殘星幾點。忽聞湖邊一人曰：「老母病重不起，惻怛將在朝夕，昨日債主喊殺要人命」。又聞一女涕泣曰：「天生我本多難人，紅塵多愁怎奈何？昨夜苦思，唯有明日賣身風塵裡。落花流水都無情，哥哥莫怪小妹，潔身雖被塵埃污，心存貞操如冰清」。字字句句動我心，四海之內皆兄弟，豈能見死不相救。移船上岸邀相見，惟見一玉人十七、八，旁有一男二十初，表情似述情不盡，借問仁兄有何問題，可把心事相告知。

搖頭嘆息淚滿襟，道盡心中傷心事。仰天太息曰：「吾本台北萬華人，開得米廠一家歡，忽然平地風波起，陰風怒號又雨打。米廠倒閉七年前，賠償賒本三十萬，從此田園寥落敗。一戈未定又征徭，阿爸病纏不起身，床上苦吟四年餘，歸西訣別三年前。合家飄零，野菜充飢。大妹賣身去舞廳，春心破碎時不晴，昔日親友都遠飛，舊事淒涼冷冰冰。前年母親再病危，病得一身皮包骨，一、二故友議請神，春去春來乃如故，殘霧愁雲一家人。如今二妹欲賣身，更慘的是三妹，太保惡徒輪姦後棄屍淡水

河，至今兇手未落網。八號分機何去了。幾年來，冰霜摧殘，不堪回首，軀體骨肉，並非鋼筋水泥，豈能受此長久折磨，試問人生到此淒涼否?說罷無聲衣衫濕。」

誰聞此語不動情，我及知友皆涕泣。遂帶返家見老父，一一細說話前後。家父知命，心地善良，富貴錢財抛雲外。乃勸曰：「人生禍害，旨在考驗人心。昔日，我亦曾危難風浪中，但是奮鬥意志不減人。少年人，貧寒淒涼心要堅，眼光視界要射萬里之外，唯有忍耐躍過龍門浪，方有再見天日時，如今五十萬相助不須還，樂觀進取，後會有期。」

忽然響亮一哨音，喚醒夢中多情人，夢中情景至今猶新。

（本文作於民五十九年）

談責任與權力

有一句話：「沒有權力，就沒有責任。」

如果我們要求一個人去完成艱鉅的任務，一定需要授給他相當權力。直言之，人的權力越大，身負責任越多。鄉長權力施展及全鄉，他就必須爲全鄉民衆謀求福利，推動建設，負全鄉成敗之責；縣長亦然，省長亦然。

古有帝王將相，握全國上下生殺大權，卻草菅人命。

今有少數官吏，只享受權利，不盡義務，不負責任。如某市長貪污，如某議長大炒地皮。殊不知身爲國家官吏或人民喉舌去大炒地皮，正事不幹，就等於炒百姓之「肚皮」。斯等人，不知權力何價？不知責任何事？不配爲現代國民。

兵書有言：「夫兵權者，是三軍之司令，主將之威勢。若將失權，不操其勢，亦如魚龍脫於江湖。」

一個領導人物失去了權力，就好像魚脫了水，再有多大能耐也是無濟於事的。清末光緒皇帝，貴爲中國天子，但是權力都掌握在慈禧手中，他便成了高級乞丐也。可憐的皇帝，如魚失水，朝不保夕。毛澤東死後，其妻江青在權力鬥爭過程中慘遭滑鐵盧，終成階下囚。

大權如錢，無人不想要。商人賺之，官吏想之，販夫走卒拚命弄之，小人愛之如命，大丈夫有誰敢大言不慚地說：「我不要錢，也不要權」。甚且難養如女人者，更是要得猴急，現代的女權運動就是爲了權力的高低平齊。

而眞正權力的滋味從何而來呢？我們可以說從責任中去品嘗權力的滋味，才夠芬芳，才是要得。

孫武說：「將之出，君命有所不受。」

周亞夫說：「軍中，聞將軍之命，不聞天子之詔。」將在外，雖元首下令不要作戰，但戰必勝時則要戰。若戰不勝，君王要戰，還是不可戰。表面上看這將軍似乎太驕傲自大了。深入觀之，這是權力和責任相互運用的最高境界。他要冒「抗命」之險，而這戰與不戰之間，關係國家人民福祉，民族盛衰存亡眞是太大了。廟堂上主持內政之人不可不知也。

非常事業和非常權力常成正比，歷史上創下不朽功業的王侯將相，都是大權在握之人，其功業之所以不朽，其聲譽之所以長留青册，爲後世子孫臣民所懷念，就是他

雖大權在握，但所履行的責任，付出的心力，甚至犧牲生命在所不惜，決非手中權力可以相比的。

所以我們可以肯定說：權力的滋味來自履行責任。

讀英雄豪傑手書，所學何事？當知「人生應多履行責任，少談權力」，如是而已。

從歷史的鏡中我們看見，知道運用權力的人，就知道責任的眞諦。責任者，服務也。對上負責就是對全國百姓服務，其意義上下相通。

不知權力如宋朝秦檜者，雖有生殺大權在握，但終其一生，他對誰負了責，爲誰服了務。歷史是最公平的評審委員，千秋萬世的人們都會把他歸入罪惡和奸臣。

古代出師命將，先齋三日，然後援之以鉞說：「從此至天，將軍制之」，又援之以斧說：「從此至地，將軍制之」。這就是權力的授給，同時將軍已經負起了國家存亡興衰的重責大任。現在總統的任命文武官員也有相同儀式。

因爲兵乃國之大事，死生之地，存亡之道。所以權力授予和將領選拔是同樣謹愼的。不知責任者不可爲將，不瞭解服務眞意者不可爲將，不懂「犧牲享受、享受犧牲」者更不可爲將。

國父有句名言：「官吏是人民公僕」。完全是服務和負責任的氣息，毫無權力的味道。雖然權力和功業成正比，會用權的人是握有大權而不用權，他們表現出來的都是公僕氣質。兩者之間運用之妙存乎一心，有待吾等深思。

（本文作於民六十三年）

你想成為怎樣的人

現代國家已越來越重視團體利益，舉凡大眾之福祉，國家社會之安全安寧等均受到嚴密之保護。若有不法之徒想蓄意破壞或妨礙政策之執行者，均須以群體之力量掃除而廓清之，以維護生存環境安寧詳和。

以下有五隻害群之馬要剷除，才能淨化社會：

勾結地方派系，違規犯法，中傷賢能之人。

奇裝異才，違反善良風俗之人。

邪魔怪術，混淆視聽，迷惑群眾之人。

挑撥離間，製造社會問題之人。

串通敵人，從中得利之人。

不論何種團體，何種社會，欲精勵圖治，鞏固整體，必須由此下手。也就是諸葛亮說的「夫軍國之弊有五害。結黨相連，毀譖賢良；侈其衣服，異其冠帶；虛誇妖術，詭言神道；專察是非，私以動眾；伺候得失，陰結敵人。此所謂姦僞悖德之人，可遠

而不可親也。」

歷史上的政治家大體上如是主張，這麼說來簡單嘛！治國平天下只要剷除這五隻害蟲，國家、社會和人民便能永享幸福美滿。再按此邏輯推演中國史，夏商周秦漢三國兩晉南北朝隋唐五代宋元明清至今，概略盤算一下，似乎太平盛世又能政治清明時期不多。就人而言，明君賢相似乎也不多。這是很奇怪的事，難道每個朝代的人都一再重複犯錯嗎？那人有何資格稱「萬物之靈」？豈不每個朝代盡是一大堆賤骨頭？從另一個面向看中國史，明君賢相、忠臣烈士、正人君子也是很多，各代好人才舉之不完。

歷史上的壞人、惡人、奸人或各類邪魔固然很多，但無論再多，也不足以讓我們找藉口要一起壞下去，說「反正到處都有賣國、漢奸或台獨份子，多我一個有甚麼關係？」你想成爲怎樣的人？惡魔或台獨份子？

世間壞人太多，導致大家沒有勇氣當好人，很多是非善惡和眞理不敢很徹底堅持。諸葛亮提到人生有「八弊」是要小心的，「貪得無厭、妒賢嫉能、信讒好佞、料彼不自料、猶豫不決、荒淫酒色、姦詐心怯、狡言背禮」。八弊是人生中很大的敗筆，不僅在歷史上，就是現代社會和我們四週的人，也不難發現這八種人的存在。他們的存在給我們很「有效」的警示：不要成爲那種人。

若以現代觀念來看，八弊中有的是罪大惡極，有的只能是「毛病」而已。罪惡也罷！小毛病也罷！它總是屬於「錯」的一種。不論個人與團體，在追求勝利成功的過程中，都只是在相互計算彼此之間的過錯。誰犯的過失越少，誰就是成功者；誰犯的過失多，誰就是失敗者。最近「馬子」可能在後方發動政變，或許我眞錯了。

是故一個人在芸芸衆生之中，在漫長的人生旅程裡，想要成爲什麼樣的角色，全都看自己。失敗了，只能怪自己，能怪誰呢？

諸葛治國又說：「謀不能料是非，禮不能任賢良，政不能正刑法，富不能濟窮阨，智不能備未形，慮不能防微密，達不能舉所知，敗不能無怨謗。此謂八惡也。」這裡說明了任何想要勝利成功的個人或團體，八惡都該是値得警惕的。

若單從「利」字方面看，自古以來人實逃不過這個範圍。古人求「將相名利」，今人求「名利地位」。有形的財物寶石或汽車洋樓，無形的名譽地位或文憑頭銜。都是利的一種。

所以諸君，不論是從商想賺錢，成爲當代大企業家；想從政爲民服務，成爲大政治家；想從軍報國，成爲一代名將；想成爲農業家、藝術家、科學家、專家……。除了不可成爲那五種群體之害馬外，還要終生遠離八弊，惕勵自己不要淪入八惡的深淵。

如此，功成名就縱使不屬於你，也落得一生心安理得和一身清白純潔。所以，遠離「五害、八弊、八惡」，你必定就像個人了。

（本文作於民六十六年）

（二〇〇七年春補記：人在年青時總是很天真，以為一生遠離「五害」、「八弊」和「八惡」就算是成功的人，或可敬的人。三十多年後，二〇〇四年總統大選時，台灣濁派以陳水扁為首的一票台獨份子，用作弊手段，設計出「三一九槍擊」篡國案，這種小偷行為雖不可取，雖也可恥，但不可否認的，他們成功了，他們拿到大位了，當何種人又怎樣？就像學生用作弊方法考上台灣大學，雖受到強烈批判，但沒有「直接」證據可證明他作弊〈因證據被毀了〉，外界又能奈何？

所以，你守著各種規矩，守著仁義道德，又溫良恭儉讓，但你打了敗仗，失去大位，好處全沒撈到。此時，談說去「五害」，除「八弊」和「八惡」，還有意義嗎？諸君恐要再思考了。事隔三十年，我的心境看法全不同了，可能更複雜了，朋友之中有人閒聊，用作弊方法給你一個總統大位，他要不要，大家都說要，光說「去五害、除八弊八惡」有個屁用，這是我在序文中說，早些懂，人生能節省五十年的道理。）

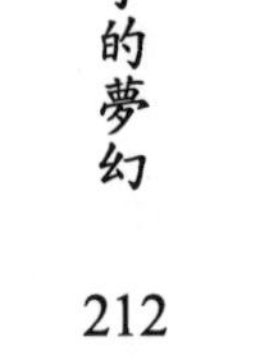

知人與用人

我想天地間最難之事大概是知人與用人吧！俗語說「人心隔肚皮」。有貌美而心惡者，有表面溫和而被裡藏針者。誰知每人心中賣什麼關子。

會用人，是使能力比自己強的人來爲自己做事。如劉備能使諸葛亮爲之「鞠躬盡瘁，死而後已」，達成三分天下的局面。不會用人，則反爲其所害，不一定你的江山到頭來跑到他手裡。所以公司高級職員的網羅，戰場將領任命，官員提拔人材，市長議員顧用幹部等；以致古代皇帝任用臣子，都是先洞知其人可用不可用，爾後再用。

關於知人方面，諸葛亮有妙法研判其本來面目：

要他判別是非，觀察志向。

用辯論方式察看應變程度。

請他參予策劃，觀察其知識能力。

叫他處理嚴重問題，考驗勇氣。

用酒灌醉他，聽其眞言。

用錢利誘他，察看操守程度。

委任以大事，察看被信賴的程度。

是不是通過以上考驗，就算人才、好人或可用之人呢？其實未必！不然「內間」要怎樣完成任務呢？至少是一種可供參考的觀察指標。戰國時代魏國丞相李克也有知人之法：

失意時，與誰親近？

富裕時，幫助何人？

得意時，提拔何人？

困苦時，有何不軌？

貧乏時，取不義之財否？

要了解一個人的心意動向，顯然是很困難的，要規範其行為而成為我所用的人才，更是不簡單，可謂處處謀略，步步殺機。兵書「六韜」知人八法是：

提出問題，看他瞭解程度。

追問到底，察看反應。

派人勾結他，觀其誠實。

洩露機密，觀其德行品性。

使他接近財物，觀其廉潔否？

用之女色，看其堅定。

臨危授命，察看勇氣。

醉之以酒，察看本性。

有句話叫做「神仙也有打錯鼓的時候」，另一句話「人非聖賢，孰能無過」。可見人和神仙都不是全能的，也有發生錯誤的時候。要一個人都通過上項的許多考驗，世上有幾？所以用人並不是要用完人，要因人之個性、能力、愛好而授予各種不同任務。也是國父所謂的「人盡其才」，就一個領導者而言，要因才而用之，用部屬的長處，發揮他的長處到極點。一個有自知之明的人，要瞭解自己的斤兩，發揮所長從事工作，其成功或然率較高。

諸葛兵法「擇材」篇說：「夫師之行也，有好鬥樂戰，獨取強敵者，聚爲一徒，名曰報國之士。有氣蓋三軍，材力勇捷者，聚爲一徒，名曰突陣之士。有輕足善步，走如奔馬者，聚爲一徒，名曰搴旗之士。……此六軍之善士，各因其能而用之也。」

由此觀之，歷代名將謀士對知人用人都下過一番工夫，其用意在避免用錯人，足爲後

代參放。

現代社會講究企業化管理，重視時間效用，任何機構都很注意人才運用，若能善加運用別人的助力，加上自己長處的發揮，這就是成功的關鍵。「成功」是人生最甜蜜的糖，有誰不想吃呢？

書經記載：「三載考績，黜陟幽明」。言下之意，當個主管，他最大的功德是三年內啓用賢能，罷黜那些吃閒飯的米蟲。就上而言在知人用人方面下功夫；就下而言，若不能做有用之人，將被社會遺棄，被群體否定。一個被否定遺棄的人是談不上人生意義的，也永遠品嘗不到成功的滋味。

（本文作於民六十六年）

（二〇〇七年春補記：這篇文章寫於三十多年前的毛頭小子，讀了幾本書，以為懂得知人和用人，事實上沒這麼簡單，且是不簡單。正當我整理本文要出版的民國九十六年春，台灣政壇引爆一顆大炸彈，「台獨教父」李登輝改口說「從未主張過台獨，也從未講過兩國論」等話，深綠獨派氣得跳腳，要解散「李登輝之友會」，有人解讀李想要訪問中國，想回統派陣營，想保住自己的歷史地位。

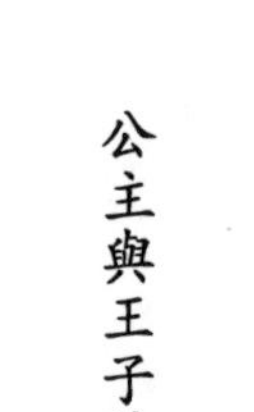

此處以李登輝為史例，解釋知人用人之難，李竟然椅子坐三分之一瞞過蔣經國，蔣氏之過在錯用李登輝，導致以後國民黨的垮台及台獨高漲，禍首雖是李登輝，但蔣經國沒錯嗎？知人眼光何其低落！就李氏這個人而言，他曾是共產黨員，後為三民主義信徒，又當國民黨主席，終於又出賣自己變成台獨份子，現在又否認。

政客多麼善變，都是機會主義者，也好當一個例子，人是很難理解的，知人用人不要看得太簡單，以為一個「誠」可以通吃！）

金錢與用人

「鳥爲食亡，人爲財死」，一語道破人性的弱點。

孟子見梁惠王，王曰：「君有以利吾國乎？」

國父也說：「三民主義是要四萬萬同胞都發財的發財主義。」

由此觀之，即使破除時空因素，古往今來人類個人所求也好，國家民族所求也好，還是一個「利」字。只是有人求一己之利，有人求國家社會之利；有人求一時眼前之利，有人求長久永遠之利；有人求今生今世之利，有人求來生後世之利。只求個人短暫之利者，因爲他不知道群衆社會都得利，自己亦有利的道理；求衆人永遠之利者，因爲他知道國家社會都得利，自己也包含了。正是姜子牙說的：「天下非一人之天下，乃天下人之天下也。同天下人之利者，則得天下；擅天下之利者，則失天下。天有時，地有財，能與人共者，仁也；仁之所在，天下歸之。」明白這層道理，當知人利己利，人樂己樂了。

表現在經濟、社會制度上，英國十八世紀流行資本主義後，利潤盡歸資本家所有，

導致生產低落及社會革命。後來美國加以改革，使資本家、老闆、工人都得利潤，創造經濟奇蹟和「美國神話」。

共產主義也說要創造廣大人民群衆之利，可惜走過了頭，「人民公社」式的共產主義讓人「齊頭平等」，叫人吃大鍋飯，所有人都失去創造利潤的動力。當人無利可圖時，便一切都無所作爲了。

總之人生所求不外利而已，大利小利，公利私利之別。讀書人十年寒窗，志在功名利祿；尼姑和尚又何償不是爲今世或來生之利而修行？

何謂利？乃汽車洋房，美玉寶石，名譽地位，甚至生活上的安全感，自由感均屬之。乃至仁義道德也是利之一種，不仁不義是很不利的。

姜子牙最明白這個道理，在他與周文王的對話中說：「釣有三權。祿等以權，死等以權，官等以權。夫釣以求得也；其情深，可以觀大。」大意是說花大把鈔票才能得到人才。我未聞有老闆不花錢而職員肯拚命工作者，台北市數千家公司中，凡肯花大錢羅致人才者，其業務必然蓬勃。凡只顧私利，不管職員死活者，必無多大前途。不信者可去查訪。

又說：「緡微餌明，小魚食之；緡綢餌香，中魚食之；緡隆餌豐，大魚食之；夫魚食其餌，乃牽於緡。人食其祿，乃服於君。故以餌取魚，魚可殺；以祿取人，人可竭；以家取國，國可拔；以國取天下，天下可畢。」

用釣魚做比喻，人也是為地位和薪俸才為國家做事，國家花費的代價越高，越能得到好的人才。以將相羅致人才，就能得輔國之臣。弦外之音是金錢能使鬼推磨，重賞之下必有勇夫。故「利」是人類社會之「大餌」，餌大得大才，餌小得小才，無餌無人可用。

春秋時代齊國大司馬田穰苴說：「作兵義，作事時。使人惠。」戰爭評理由，做事看時機，用人要給以恩惠。我想凡人便脫離不了這個桎梏，像介之推那樣不言祿的人世上無幾。

三略曰：「夫用人之道，尊以爵，贍以財，則士自來；接以禮，勵以義，則士死之。」總之，給以利，才能得人。

又曰：「蓄恩不倦，以一取萬。」

錢可收買人心，也能叫人去死；更能以少擊多。不過在用人的過程中，千萬不可迷信金錢萬能，或認為有錢可以壓死人。「接以禮，勵以義」還是非常重要的，愛財只是人性的一種弱點，我們加以運用。而實際上人是「智慧與感情」的理性動物，以

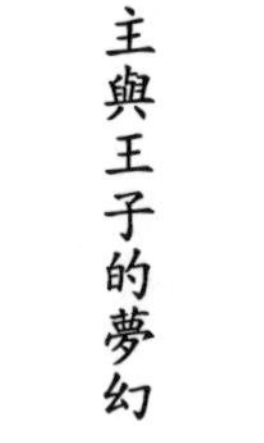

禮相待，以義結合，相敬互愛，才是人性積極善良的一面。「感覺」如果很好，做事方便，也是有利。情人在後方「政變」，可能她覺得跟著我，愈來愈不利。

總之，金錢與用人之間的關係，眞是「運用之妙，存乎一心啊！」

（本文作於民六十六年）

（二〇〇七年春補記：此刻，我在思考三千多年前姜子牙說的對不對？台灣的政局，天下為陳水扁一人之天下，人民沒有天下；台獨政客搞錢謀利，貪污洗錢，如台南市長許添財圖利前台獨聯盟主席郭倍宏，和陳水扁一家搞錢也還算小錢，擅天下之利者，為何仍未失天下？台灣人民有肚量嗎？但不仁不義終究是不利的。）

不可用之人能不能用？

那些人是不可以用的人，很多人可能會說見利忘義、見色忘友、酒囊飯袋、貪生怕死、敗軍之將、不忠不孝……很多很多……

本來愚笨的人，頭腦簡單，毫無智慧，不可用。見錢眼開的人，必然見利忘義，不可用。敗軍之將，屢戰屢敗，不可用。膽小怕死的人，沒有冒險精神，不可用。懶人沒有進取心，無奮鬥意志，不可用。果如是，則天下無可用之材了。

會用人的人，凡貪懶笨病等人，一樣可以創造奇蹟。運用可用之人造就江山，其成功也許是必然的，不足爲奇。以不可用之材完成艱鉅任務，或用別人不敢用之材，則是神蹟。諸葛亮在空城計中，用老弱殘兵，不費吹灰之力，退十萬強敵，除了他神機妙算外，把人性心理運用在戰略戰術上，可謂恰到好處。

從成本會計的觀念上講，人與物並無多大差別。人講究的是「人盡其材，使天下無廢人」；物講究的是「物盡其用，使社會無廢物。」所以將領帶兵或老闆待員工，要用每個人可用之處，因其性情而用之，則人人可用。

姜太公兵法曰：「使智、使勇、使貪、使愚。智者樂立其功，勇者好行其志，貪者急趨其利，愚者不顧其死，因其至情而用之，此軍之微權也。」

有謀的人希望立功要有讓他立功的機會，勇敢的人唯恐落後要叫他打頭陣起帶頭作用，貪心的人愛錢財只要有黃金鈔票他什麼都肯做，笨人不怕死，更是可以叫他如何便如何。諸君想一想，這是多麼神妙。

又曰：「無使仁者主財，爲其多施而附於下」，找心地寬厚的人掌管錢財，有求必應，會使他成爲部下擁護的對象。

周文王問姜太公有關用人的大道理：

文王問：「君務舉賢，而不能獲其功，世亂愈甚，以致危亡，何也？」

太公曰：「舉賢而不用，是有舉賢之名，而無舉賢之實也。」

文王曰：「其失安在？」

太公曰：「其失在君好用世俗之所譽，而不得其賢也。」

文王曰：「如何？」

太公曰：「君以世俗之所譽者賢，以世俗所毀者爲不肖，則多黨者進，少黨者退。若是則群邪比周而蔽賢，忠臣死於無罪，姦臣以虛譽取爵位，是以世亂愈甚，則國不免於危亡。」

文王和太公的對話，提醒用人的人要有主見，不要人言亦言，受人指使，果如此，這是領袖人物的致命傷。用人不當可能搞垮自己的事業，也可能大位不保，重者導致國家危亡，天下作亂，這不難體會，只要仔細體察中國每個朝代中葉過後，到晚葉，亡國之間，都是用人不當，奸臣當道。諸葛孔明在「將器篇」說：

「若乃察其姦，伺其禍，爲衆所服，此十夫之將；

夙與夜寐，言詞密察，此百夫之將；

眞而有慮，勇而能鬥，此千夫之將；

外貌桓桓，中情烈烈，知人勤勞，悉人饑寒，此萬夫之將；

進賢進能，日愼一日，誠信寬大，閑於理亂，此十萬人之將；

仁愛治天下，信義服鄰國，上知天下，中察人事，下識地理，四海之內，視如室家，此天下之將。」

同是傾一生奮鬥，有人可創十萬員工之大企業組織，有人可創千人之衆，有的百人之衆，有不數日關門大吉。更有的養不活自己，成爲別人的重擔。

兵家用人如此嚴謹深慮，工業界、教育界、社會各界的用人，若能比照軍事作戰，

講求戰略戰術，講求實用價值，國家甚幸！百姓甚幸！

就個人而言，每做一事都用兵家的觀點加以衡量，他失敗的成份是會大大減低的。失敗了也能得到許多諒解，那也是另一種成功的形式。所謂「人生就是戰鬥」或「不以成敗論英雄」是也。

縱觀今古往來，國家興亡，個人成敗，無不是用人的當與不當而已。拿破崙因用人不當而慘招滑鐵盧，清朝最後一任皇帝溥儀任用袁世凱而提早結束專制政權，民國以後更是一段「用人的滄桑史」。故欲求有好的結果，可用之人固然要用，不可用之人也要善加運用。

（本文作於民六十六年）

（二〇〇七年春補記：年青的時候，好像覺得「天下無難事，只怕有心人」，但人漸老時，又好像被那些聖賢害了。不仁不義，見利忘義的人能用嗎？善於背叛如李登輝能用嗎？總覺得蔣經國知人用人雖深得各方贊美，用李登輝卻是他一生雖一的錯。）

談領導統御

所謂領導統御，乃啓發部屬的智慧與知能，端正其觀念見解，善意誘導其行爲，培養其對團體的責任感，進而從上到下建立一致的信仰與向心力，使部屬產生自覺紀律，心悅地誠服，無怨地爲這機構團體犧牲奮鬥。這是一種至高無上的人際關係藝術。

用通俗的言語來說：所謂領導統御，就是領導階層的做人大法。現在我們就來談談如何做人，才能使人爲你去拚命做事而無怨。

俗語說：「做事難，做人更難。」

有許多人很有才幹，但是到頭來老大傷悲，一事無成，都因不會做人。因爲做人這件事直接反應你的人格，間接影響你的公共關係和外交信譽，可謂成敗關鍵之一。

當一個領導幹部，有他特殊的做人法則。就像一位成功的將領，要仁民愛物，使部下覺得他和藹可親；又要建立他無上的威勢使「所麾，必移。所指，前死」。

要做到這種「德威並重」談何容易，過度關愛則流於「卒已親附而罰不行，則不可用也」的地步。政令過嚴，如諸葛兵法所言：「輕軍者斬，慢軍者斬，盜軍者斬，

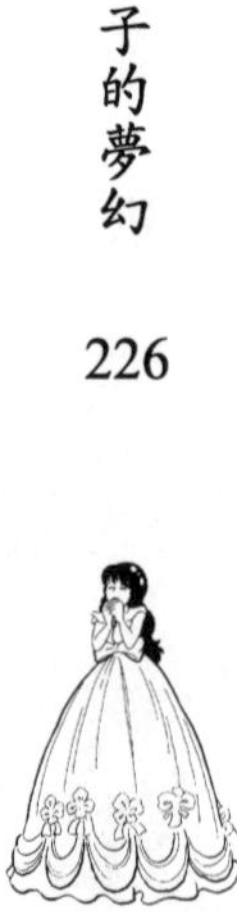

欺軍者斬，背軍者斬，亂軍者斬，誤軍者斬」。固然你認爲該斬，這與冷酷無情之別何異？

這就是一個領導者在做人方面難的地方，也是微妙之處。有時不嚴不行，不殺也不行，不心懷仁德更不行，難啊！

諸葛亮說：「將不可驕，驕則失禮，失禮則人離，人離則衆叛。」可見一個偉人不能因其權大而驕傲失禮，否則衆叛親離。還要「有危者安之，有懼者悅之，有叛者懷之，有冤者申之，有彊者抑之，有弱者扶之，有謀者親之，有讒者覆之。」如此一個主管，能夠做之君，做之師，做之友，有何人不服他？再加上「有難，以身先之，有功，以身後之。饑者，捨食而食之；寒者，解衣而衣之。」這個人，誰不爲他賣命？做朋友夠義氣，做長官有保險。實在是好長官、好朋友、好兄弟，眞是「打著燈籠找不到」！

當一個成功的領導者在做人方面卻實不容易，要當人子，人臣；要當朋友同事，要做嚴父慈母。這上中下都須做得恰到好處，則可「上不制於天，下不制於地，中不制於人」。要鍛鍊你成爲這樣的人物，也許不簡單。不過吾輩年青人不必好高騖遠，想一蹴而成。可以把它當成一個目標，一步步自我要求約束向前走。

吳起不是說過：「世不絕聖，國不乏賢，能得其師者王，能得其友者霸。」

如吳起，爲部下吸掉腳上的膿，母親般的慈愛與犧牲。看似一個小動作，卻是在領導統御上很厲害的高招，歷史只有他做得到。

諸葛亮斬馬謖，軍紀嚴明，如君如師般的神威。

周文王之待姜子牙，與之爲友，尊他爲師。

就一個領導者而言，想在部下心目中建立嚴父形象也罷，樹立慈母形象也罷，其最終目的不外是使別人貫徹自己意志，完成自己立下的宏願。正如當代偉人蔣中正先生所說：「領導統御爲適切運用指揮權力，掌握群衆心理，發揮人性潛能，及啓導人類行爲的一種藝術。其目的在建立團體精神，發揮統合戰力，徹底奉行命令，達成任務。」可見這種待人做人的原理，今古不變。

領導者在面對他的部下時，爲了某種目的，就要使出某種手段與方法，如待之以禮，授之以權，或與之爲友，或解衣而衣之等林林總總，諸般手段方法雖有不同，有一個東西是永遠不變的——就是誠，誠爲一切領導統御，待人做人的基礎。切記！不要虛僞造假，不要掩飾做作，更不要耍陰險。如此衆人必樂意接受領導，達成你所要的目標。

二次大戰名將巴頓是一個提倡率先領導者，其飆舉霆擊之戰功也泰半得之於此。當佔領一個城市時他必與最先入城的部隊一同進去，儘管還有狙擊手射擊或延期炸彈之危險。兩棲作戰時，他不待駁艇搶灘，就躍入水中，在槍砲聲中涉水登陸，向士兵喊著激勵的話。在法德境內，他曾一馬當先涉過好些河流。他主張領導者一切要走在前面，由於這套卓越的領導統御方法，故能得「大將、良將與福將」之美譽。

當今之世，芸芸衆生，個個磨拳試刀，都想在社會上大顯身手，出人頭地。依據資料統計，光是台北市所登記經營的公司就有數萬家，而未登記的地下公司更不知多少。換言之，人人都想創大事業，賺大錢，當大老闆，最好登某一地區的「九五之尊」。

雖人人都想當家，可惜對某些偉大的道理再少有人去研究它，能夠如是奉行終身不渝的人，更如鳳毛麟角了。現在我再把這些古代經典大加讚譽，有些人就「如法泡製或東施效顰」起來，結果還是敗軍之將，就不免懷疑了，問問那些孔明、吳起或姜子牙吧！他們怎麼說？

（本文作於民六十六年）

（二〇〇七年春補記：這篇談領導統御的文章，我強調不要虛偽造假，不要掩飾做作，更不要耍陰險。但我經三十多年的體驗和歷史觀察，除明君賢相，正人君子，如唐太宗、漢武帝、蔣中正等人，他們有此「好形象」外，他們用的是「正人君子人才」。歷史上絕大多數用的是走狗，都在耍陰險，如秦始皇〈晚期〉、宋高宗、李登輝、陳水扁之流，都在耍陰險，作弊。就以「三一九搶劫案」篡位成功的陳水扁陣營，看他有何領導統御的學問，不外是權力、權謀而已，用的當然就是一群走狗。游錫堃、謝長廷、蘇貞昌和那個女人，那個不是？而事實上在中國歷史上，地方割據政權，如台獨都是，所謂領導統御不過是一些利益分贓，大賊帶小賊去偷搶而已！撈飽了，就走人，不顧人民死活。也難怪啦！分離主義思維的地方割據政權，如台獨政權便是，在中國大歷史上都是「暫時」的，也就是沒有明天的政權，即然沒有明天，那些上台的官員心中所想便是如何撈錢，快撈，撈飽了走人，大家只要用「心」看看，便全看出了真相。）

漫談管教

中國兵聖孫子曰：「故兵有者走、有弛者、有崩者、有陷者、有亂者、有北者；凡此六者，非天地之災，將之過也」。其中「崩者，亂者」，談的便是管教問題。所謂崩者，即領導者對部屬的才能、個性沒有深入了解，管教不當，以致幹部不能貫徹上層決策單位或指揮官決心而招致失敗。所謂亂者，乃領導幹部缺乏魄力，工作紀律不嚴，賞罰不公，造成部屬信心動搖，終致紀律不彰而成亂軍也。

管教就是管理與教育。顯然其對象有人、事、地、物、時，依組織、計劃、協調、管制，運用科學方法和良好的社會關係，將前面五者加以精密組合，以最低成本和最少時間，發揮最大效用。管教和領導又有何不同呢？我們可以說領導是核心，管教是基礎；管教是領導的具體表現，甚至說領導是高級幹部的管教藝術，管教是基層幹部的普通管理方法。

所以說管教是一個基層問題，一個植根的工作。學校老師對學生有教育行政管理，社會機構有員工管理，礦廠有安全管理，軍隊的基層管理則更爲複雜。一般而言管教應包含有行政管理、安全管理、勤務管理、訓練管理、風紀管理、生活管理六項。任何團體不能做好這六項管理，必定亂成一團，工作效率低落，永無安寧之日。

身爲一個基層領導人物，欲做好管教工作，首先要嚴明精勤。曾文正說：「治軍之道，以勤爲先」，是故基層幹部要以身作則，實行五到（手到、口到、眼到、心到、足到），必能帶動團隊，創造「利潤」。

由於社會進步，教育普及，生活水準也相對提高。人的慾望已不僅止於吃飽穿暖，別人的尊重更爲重。是故基層團隊幹部之管教工作應從「人」的瞭解開始，培養理性、愛心、耐心的情操，必能得到更多支持，從而達到管教的目的。

現代教育思潮之主流，認爲教育之目的在完成自我實現，理想主義最重視人類生命的莊嚴與價值。因此教育目的在發揚人性本善本性，說明現代教育不再是打罵和奴隸教育，而是人格教育。人格有其不可侵犯的神聖與尊嚴，少數基層幹部缺乏認識，不知尊重部下或職員的人格總以爲「被管理者是絕對錯」，而自己身爲「管理者是絕對正確的」；往往在大庭廣衆下口不擇言地加以訓斥指責，或不顧個人尊嚴痛加侮辱，諷刺等，凡此最易引起不良後果。

尊重別人只能說是做好管教工作的初步，接著應從心理學原則去瞭解人性。所謂

心理學是研究人類個體行爲之科學，藉以探索人類言行的法則，期瞭解人類活動眞象，進而指導、掌握或預判人的行動。舉凡人，甚至其他動物，都有其不變與多變的情緒變化，例如喜、怒、愛、惡等。有其基本上之慾念需求，例如飢、渴、性、名、利、被讚揚等。有其天賦的智慧作用，例如判斷、推理、創造、記憶等。身爲一個管教幹部，若能多瞭解人性心理原則去訓練部屬，運用人才，分配工作，當能得心應手，減少諸多困難。

關於從人性的理解去運用人才要屬周朝「太公兵法」軍勢一章說的最足爲參考：「使智、使勇、使貪、使愚，智者樂其功，勇者好行其志，貪者急趨其利，愚者不計其死，因其至情而用之，此軍之微權也。」

這是對人性、心理、智慧瞭解的極致而產生之效果。所以現在我們要求幹部從家庭背景，生活接觸等去做到「相互瞭解」的工作。不能止於知與識之階段，部屬之隱憂痛苦、長處短處、智慧高低、能力限度都要深入探討。如此在達成人生目標上，必能克竟全功，順利圓滿。這個道理在歷代兵法家，如孫子、吳子、諸葛亮、李靖，甚至西洋軍事家都極力推崇。今天我們生長在這人口素質數量不斷提高，知識不斷爆炸的時代，如本職學能不去充實研究，待人用人不能因情因性因材而制宜，行政事務不自我尋求歷練，如何去邁向更高層次，又如何談把人帶好呢？

工商社會不但發達而且複雜，單向管理與教育已經不足應付，在管教用人上已非「雙向溝通」不可。

依據一般意見調查得知，幹部個性或脾氣不好，「不一定會使人對他發生反感」，其關鍵在能不能溝通，讓部屬瞭解主管用意，溝通雙方觀念，使感情見解接近，雙方密切配合，可有助於達成任務。

是故，我們可以說：「溝通決定了人群關係的性質和氣氛。」沒有良好的溝通，談不上有效的領導或管教。在溝通的對象上，暴力行爲與變態行爲者應列入重點，此兩型人物對基層幹部而言確實是挑戰性的。他們的防治對策，行爲辨別，行爲徵候發生因素等之探討除了前面原理原則外，還要有積極的愛心與耐心，方克有濟。

有少數於經歷教導與溝通尚不起收效之頑劣對象，幹部必須立刻採取輔導措施，妥爲疏處。一般輔導原則，首先要灌輸愛意與關懷，使對象感受到溫暖而採取合作態度；第二步有技巧地尊重其獨立自主之人格，並暫時站在相同立場；第三步協助輔導對象採取適當方法，解除衝突；第四步鼓勵其勇於面對艱難挑戰，不推諉，不逃避。終抵於成爲一個身心健康，樂觀積極可用的人才。當然對這些問題人物（太保、太妹、

問題青年、偏激份子、精神能力不適、有暴力習慣等人員），也可以將他隔離——掃地出門。

用人與管教是一體兩面之事。廣義的管教內容，包括人（人才、人事），事（教育、計畫），地（辦公室、市場、戰場），物（裝備器材、補給各種工具），財（薪資、財務、紅利、預算）之合理運用與安排，須憑恃組織、制度、傳統、紀律、規章、獎懲，使團隊萬衆一心，邁向共同目標。我們可視管教工作爲一件完美的藝術品，由多方面心血和智慧凝聚而成，欠缺任何一部份，都將使這個珍品失色許多。

前人已言：「善將者，愛與威而已。」士爲知己者用，士爲知己者死，這就是管教工作的最高境界與目的。

（本文作於民六十七年）

（二〇〇七年春補記：本書作者從事軍職的年代，是民國五十七年到八十八年間，這個年代軍中所謂的「偏激份子」，大抵是指台獨份子，當時叫「黨外份子」。凡是這些成員或與他們有掛勾的人，都由政三〈監察〉和政四〈保防〉共同列管，為管教重點份子。曾幾何時？台灣政壇因國民黨分裂，台獨黨在陳水扁一千人等設計下，用作弊手段弄個「三一九槍案」，不法取得政權，篡國成功。不論如何！大位拿到了，國軍幹部為升官拜將，有誰還敢反台獨？紛紛向分離主義政權示好，以保住烏紗帽。民國九十六年二月四日，新聞報導政治作戰學校也把蔣公銅像也「撤掉了」！天啊！黃埔精神蕩然！當官的盡向台獨領袖示好，春秋大義何在？此時的政治作戰學校校長是誰？他如何領導或管教他的部屬？）

從尉繚子兵法漫談紀律

自古以來，紀律就一向是軍隊的命脈，中外數千年來的無數次大小戰役裡，未聞有貪生怕死，紀律敗壞之軍隊成就什麼事業；而紀律嚴明之師，在歷史過程中總是扮演「維護民族文化，挽救民族危亡」的任務。所以先總統蔣公在民國四十年就說：「軍紀是未來反攻聖戰中，對付火海、人海最主要的武器」。兩千三百年前的秦國兵法家尉繚子說的「號令明，法制審，故能使之前，明賞於前，決罰於後，是以發能中利，動則有功」。就是講軍紀嚴明的軍隊必能克敵致勝，獲致成果。

中國人一向被笑爲「一盤散沙」，雖有全世界最多的人口，卻不是強國，就是沒有紀律。如果找一家日本公司和中國公司做比較，就能看出什麼是紀律了。

尉繚子是人本主義兵法家，他認爲戰爭是罪惡，但爲討伐大逆，維護正義時，應先發制人，不惜死戰。惟其不講權謀詐欺之戰法。孫子以下的正攻法戰爭思想，首推尉繚子。

尉繚子「制談」章說：「凡兵，制必先定。制先定，則士不亂；士不亂，則刑乃明。」

這裡所謂制，就是法，大至憲法、民法、刑法、刑事訴訟法；小到森林法、水利法、兵役法、公司法等都是。如今六法已備，只要我們嚴守法紀，必能齊萬衆之心爲一心，集萬人之體爲一體；進而「金鼓所指，則百人盡鬥；陷行亂陣，則千人盡鬥；覆軍殺將，則萬人齊刃；天下莫能當其戰矣」。軍隊有紀律，就能以一當百，所向無敵。

當年黃埔成軍，完成北伐大業不過以五百子弟爲基礎，難怪吳佩孚要拜倒在蔣公之下說：「我的部隊是不怕死，蔣先生的部隊是不知死。」

是故一個軍紀嚴明的部隊比如鋼鐵之師，舉止有度，進退有威，接受任務後，必定全力以赴，誓死達成。好像一位仁人君子在追求一個完美的人生，更像烈士赴義，視死如歸。軍紀鬆弛的部隊處處顯得零亂不堪，精神萎靡，好則是烏合之衆，不能打仗的；壞則形同亂軍土匪，是以害民誤國。

不論個人或軍隊、團隊，有了嚴肅的紀綱，執行任務必定講求效率，從不延宕耽擱，無形中節省不少人力、物力、財力。所以要軍隊能打仗，首從軍紀要求起。尉繚子又說：「有提十萬之衆，而天下莫當者誰？曰：桓公也。有提七萬之衆，而天下莫

當者誰？曰：吳起也。有提三萬之衆，而天下莫當者誰？曰：武子也。今天下諸國士所率，無不及二十萬之衆，然不能濟功名者，不明乎禁舍開塞也。」換言之，孫子只要三萬之衆就能戰勝當時諸國士所率之二十萬大軍，何也？就是紀律，也就是軍紀的效力。西元三八三年，苻堅率領百萬大軍南下，想消滅長江以南的晉朝，妄圖統一中國；淝水開戰，秦軍就如尉繚子所言：「士失什伍，車失偏列，奇兵損將而走，大衆亦走，世將不能禁」。這百萬烏合之衆遂被謝玄以八千人擊潰。歷史是一輪明鏡，我們應鑑古知今，紀律是軍隊命脈。

戰爭從來不是比人多，這是沒有疑問的。古今中外，百萬強敵敗在少數敵軍之手，比比皆是，勿須再舉例了。但不論以寡擊衆，或以兵力優勢取勝，能打勝仗的軍隊必軍紀嚴明，這也是古今之鐵則，沒有例外的。

世界上重視紀律之國家，如英國、德國、義大利、日本等，觀其軍隊作戰，紀律嚴明；看其民間經濟組織，勞資之間，次序井然，眞的對「民主法治」有深刻體驗。國民對紀律已經養成習慣，有違法犯紀者，必群而攻之。故能強國強種，給人良好的形象。

其實自古以來的兵法家無不講求軍紀嚴明，拿破崙說：「軍人首重紀律，次求勇敢」，與尉繚子思想正不謀而合；軍紀除了是建立軍隊的紀綱外，就個人而言，是一種三綱五常的秩序，表現於生活中是禮儀，這種紀律可以保持人類社會的安定。是故做爲一個現代國民，應以守紀爲美德；一個現代軍人更要以嚴守紀律爲至高榮譽。是爲良兵良民。

（本文作於民七十年）

從六韜三略談士氣

紀律爲士氣之一部份，士氣是所有無形戰力之總合。人之所以能刻苦耐勞，能承受艱危困阨之磨練，而功成名就；軍隊之所以能克服物質上之困難，百戰不殆，士氣因素居十之八九。以下就以「六韜」、「三略」兩部古代兵書中有關士氣部份淺談，士氣之激勵與培養。

有一次，武王請教太公說：「要使部隊在作戰時能貫徹命令，奮勇殺敵，效死彊場而不憾，應當怎樣做？」

太公曰：「將不服裘，夏不操扇，雨不張蓋，名曰禮將。將不身服禮，無以知士卒之寒暑。」

其含意並非帶兵官冬天不能穿皮衣，夏天不用扇子，下雨不能打傘。以愛心帶兵才是他的眞諦，要把部屬過冬的裝備都準備好，自己再去講究；要把官員夏令衛生都做徹底改善後，自己才能稍做休閒；雨季來臨前要把士兵雨具先做補充申請，營房有漏趕緊修補，最後才爲自己設想，如不能自我節制就無法瞭解士兵冷暖。這就是我們日常所談的照顧部屬生活起居。有些人只知滿足個人需求，部下一無所有，他自己早已滿載而歸；職員居室簡陋不堪，他早已裝潢得美侖美奐。這樣的主管是無法帶到部屬員工的心的，要大家去爲他努力拚命，幾乎是緣木求魚。

太公又曰：「出隘塞，犯泥塗，將必先下步，名曰力將。將不身服力，無以知士卒之勞苦。」

這段話告訴我們要刻苦耐勞，率先接受筋骨上的磨練，才能瞭解部下勞苦的程度，更激勵你愛護部屬的決心。戰場上酷暑惡寒，或血肉橫飛，或數月無補給還要日夜行軍，幹部若不能刻苦以發揮體力，耐勞以使精神力持之恆久，那裡談得上帶兵打仗呢？中國八年抗日戰爭、硫磺島浴血戰，近期的英阿戰爭，都可以證實姜太公的一番用心。我們未來在浩浩神州上與敵人周旋，必是集古往今來的所有戰事之艱危與飢寒勞苦於一時。吾等應盡此所能來鼓舞士氣，才能握有勝利成功之左卷。戰場上如此、商場上亦如此，身爲主管不可不知。

「三略」記述一則故事，有個將領，作戰時有人送來一筒酒，他將酒倒入河中，與所有官兵共飲一河水酒，看起來這河水已無酒味，酒已浪費，其實這已令全軍官兵感動萬分，士氣高昂，人人願意效死疆場。

這一則故事說明一件事，領導者絕勿獨自享受，任何好的，忽忘還有部下在；任何痛苦危險，尤其要身先士卒，多多承擔，終能得到衆人信仰。

「三略軍讖」曰：「軍井未達，將不言渴；軍幕未弁，將不言倦；軍灶未炊，將不言飢。」

現在我們要求基層幹部「苦兵之苦，樂兵之樂」，不但有其久遠的歷史依據，而且有深厚的道理；二千多年前帶兵尚且如此，二千年後的我們應發揚其精神，精進至「先兵之苦、後兵之樂」這是我等軍人應有之共識。

士氣之培養要從長期認識瞭解做起，不斷灌溉你的愛心和耐心，一如栽培愛子；士氣之激勵，應講究時機和方法，配合狀況和心理，一如磨練你的高足。順之者，士氣高昂，百折不撓；反之者，士氣渙散，不堪一擊。

所謂士氣，也是一種精神。有的單位士氣旺盛，精神高昂，工作效率極高。有的單位死氣沉沉，精神低落，談不上任何工作效率；這種現象除去人事、金錢上的因素外，傳統習慣和民族個性也有極大關係。

我國滿清中葉以降受文化氣息影響，文人書生崇尚「自由、逍遙、儒雅、無爲而治」，似乎談不上有所謂的精神士氣一事。在武治方面，除了少數名將懂得如何提高士氣外，餘無可大書特書之處。美、日等先進各國，講究「成本會計，作爲指導」，故國防、經濟都能成爲一時之雄。

不論軍隊、學校、政府機構、工商團體，所有成員如能提高工作士氣，自能提高效率，增加產品，節省金錢。無形中也就鞏固基層，團結單位，國力自然壯盛。足爲我國「十項革新」做參考。

再以第二次世界大戰的名將巴頓舉一個例子。在戰爭進行期間，一個寒冷的下午，巴頓在路上碰到一群士兵，正在修理一輛爲敵人砲火擊毀的戰車。由於前線道路運輸繁忙，這輛戰車已被拖到路旁，他看見後，自其車上一躍而下，鑽進戰車底下。正在忙著修車的保修士，看見泥漿中間閃閃發亮的將星，十分敬畏，在戰車下達二十五分鐘之久。他滿身泥漿與油漬回到車上，侍從官問道：「將軍，什麼地方有毛病？」答稱：「我不知道，但能確信，這個師馬上會傳遍消息，巴頓將軍曾爬在泥濘地上與兄弟共同修理過戰車。」巴頓不愧是激勵士氣的高手，故能立下豐功偉業，爲後世懷念！

先總統蔣公常說：「眞正的戰爭要打在開火之前，最後勝利要決取於準備之日」，也就是說未開火前要準備兩種東西，一是有形戰力，一是無形戰力；而勝利成功之保證，無形戰力則居其九成，是故如何提高士氣爲今日基層幹部當務之急。

（本文作於民六十九年）

「見光死」——要隱藏自己的企圖

此地所講「要隱藏自己企圖」，上不對長官父母，下不對部屬子弟，更不對同事朋友。用在碰到敵手時所使出的一種戰術。情場上有敵手，商場上有老手，棋盤上有高手，還有戰場上要命的死對手。

孫子說：「兵者，詭道也。故能而示之不能，用而示之不用，近而示之遠，遠而示之近，利而誘之，亂而取之，實而備之，強而避之，怒而撓之，卑而驕之，佚而勞之，親而離之。攻其無備，出其不意。此兵家之勢，不可先傳也。」

故意把自己動向不表現出來，或表示出與心意相左的企圖，在人有謂詐術，在兵謂欺敵。目的在使對方不知「彼」。但並非完全是詭與詐之道，那只是一種奇正變化的運用，人類心理弱點的掌握。近代有個有名的戰役，在欺敵的使用上可謂神奇——諾曼第登陸作戰。

所以明明會的說不會，要用又不用，遠道卻說近路，似行又止，似暗又明。造成敵方的判斷錯誤，意志混淆，不知我的就裡，於是乎勝利者當然是「我」。

老子所謂的「將欲歙之，必固張之；將欲弱之，必固強之；將欲廢之，必固舉之；將欲奪之，必固與之。」也是同一種法則。在某種狀況之下，兩點之間最近的距離並不是直線；對方以爲你要從正面著手開始，正要起步時，卻從他背面或側面冒出一股力量，給予致命打擊。

現代有許多商場戰略都運用這個法則，甚至許多大企業的智囊團在生產、銷售、用人各方面都極盡其隱藏實力的手段。故孫子又曰：「故兵以詐立，以利動，以分合爲變者也。」

若將這種「口是心非」加以運用在人生當中，你就成了深藏不露，叫人既敬又畏的「高人」。本來嘛，一個人就不能把所有斤兩全部都抖出來，讓人一眼由前望到後從外看穿你，更不能把未實行的事情全告訴別人，萬一有事不能付之實現，則信用掃地，日後誰還聽你的。也許你聽過一個笑話：

中國人，說而不做。

日本人，說了就做。

德國人，做了再說。

猶太人，做了不說。

雖是笑話，並非無理。德國人做事總是深藏不露，不愛表白自己的動向。日本可能受了以前少壯軍人的影響，性子較急，說了馬上要實行，這也有許多好處。唯獨咱們中國人老愛吹牛，反正大家認定吹牛不犯法，所以三五成群擺起「龍門陣」時，都各宣其未來理想，不幸是下次碰面就忘了上回說些什麼。如果這也屬於我們的人生哲學或文化，實在太可悲了。

六韜中說：「道在不可見，事在不可聞，勝在不可知。」這其中的「不可見、不可聞、不可知」九字都是「隱性」的。如灶鍊丹，丹在灶中，隱藏在深處的寶物，一般人都很難察覺。又說：「鷙鳥將擊，卑飛斂翼；猛獸將搏，弭耳俯伏；聖人將動，必有愚色。」

這又告訴我們，厲害高明的人有行動時，都是不動聲色的。我們常說：「會咬人的狗不叫」，只有那些無用的小人，飽食終日無所用心的小太保小太妹，或搬弄是非的長舌婦等人，一天二十四小時總是叫不停。

猛獸將搏，弭耳俯伏。這就是一種「能而示之不能，要而示之不要」的戰術，以收攻其無備，出其不意之功效。這種操作當然是不容易的，明明是要，卻說不要，這是騙人還是謀略？

姜子牙是我國所有兵法家的老祖宗。孫子、吳起、孫臏、鬼谷子等幾乎都受到他的影響。他的「文伐」是很高深的謀略戰，卻也平常，歷史上用得最多……

投其所好，使之滿足而驕傲，再乘機利用。

結納敵人的寵信，賄賂其近臣，加以控制。

贈送珠寶、美女，並表忠心，取得好感。

虛名恭維，讚揚其人格偉大，國勢強固，以獲得信任，然後待機行事。

以今天國際現勢來說，其亂遠超春秋戰國，其在商場上的競爭更是空前絕後的激烈，所以今日世界可稱為「亂世」。不論國家與個人，處此亂世，在接受某種挑戰或參與某種競爭時，適當運用「奇正之變」是有必要的。

說得再明白些，前面所講的都不外乎是「謀略詭道」。換言之，在戰場上，敵我兩軍對決，勝利只有一個而且只有一次的機會，故必極盡所能使詐、欺騙（欺敵）、詭道（作弊）等，都是合理合法的，這是一種戰略、戰術。人生如戰場，許多情形和戰爭情景頗為類似，要深藏企圖，原是可以勝利成功的，但「見光必死」，你以為呢？

（本文作於民六十五年）

（二〇〇七年春補記：這篇文章漫談些戰爭謀略上的隱藏企圖，當然也對那些光說不練的人提出警示，最好言出必行。在商場、戰場用些奇謀詭道，是可以被許可的，但在為人處事或政黨競爭，奇謀詭道用多了，變成不真不誠，甚至違法亂紀。台灣政壇近半世紀來最大的奇謀詭道，是二〇〇四年總統大選時，獨派所設計的「三一九槍擊」搶劫大位案，這實際上是個作弊行為，一種不法的篡國竊位行為。從此，台灣社會從原來的移民社會，轉型成篡竊偷盜社會。任何人可以不擇手段，用篡竊偷盜作弊等手段達成所要目標，實在悲哀！）

凡事要先準備

「準備」這兩個字稚子老嫗都懂，但許多人的失敗是因爲做事沒有準備。不論領兵作戰或賺錢經商，用「準備則立，不準備則廢」來做警告並不言之過重。

演講家不做沒有準備的演講。

企業家不做沒有準備的投資。

軍事家不打沒有準備的仗。

有一次魏武侯問吳起：「現在秦、楚、趙、齊、燕、韓六國包圍在四周，叫人很憂心，怎麼辦？」

吳起說：「安邦之道，保持警覺最重要，主君已有高度警覺性，危險性就大大減低了。」這就是一種心理上的準備。有了預備的心理，自然而然的會考慮到許多狀況，就不得不去擬訂計畫，愈是週詳，成功的希望總是愈大。如果把所有造成失敗的因素全都納入考慮，加以逐項準備，把所有可能影響大局的突發狀況都想到，擬訂應變計畫，成功的可能性就是滿百。當然成功沒有滿分的，不過被殲滅和被擊敗的危險性就

會減爲最低。

到底有那些事情要準備，我覺得大人物要知道，小市民要自勉，中級幹部要拿來當做事的參考。

諸葛孔明說：「夫用兵之道，先定其謀，然後乃施其事。審天地之道，察衆人之心，習兵革之器，明賞罰之理，觀敵衆之謀，視道路之險，別安危之處，占主客之情，知進退之宜，順機會之時，設守禦之備，彊征伐之勢，揚士卒之能，圖成敗之計，慮生死之事，然後可出軍任將，張擒敵之勢。此爲軍之大略也。」

可見在開戰之前就要把所有的「天時、地利、人和」做長時期的準備。戰爭是打在開戰之前，一點不假。成事在事成之前就已註定也不過份。

若你要購屋，難道不考慮是否交通要道？地震多否？若你的公司要大量生產某種產品，難道不做市場調查？不做廣告宣傳？及周密的人事、運輸、管制、生產等計劃？

兵家如此，公司團體如此，個人又何嘗不是。

上台演講先看台下出口的位置，孔明打仗先找退路，所以秋風五丈原一仗雖然敗北，但「死諸葛嚇走生仲達」卻提高了他在歷史上的知名度，成了一場萬世難忘的「勝利的敗仗」。而法國拿破崙的滑鐵盧之戰不引爲千古美談，無他，一個無備，兵敗如山倒，不知從那一條路撤退；一個有備，把十萬軍安然撤回。

這種準備工夫給人們有許多啓示，不要一味地向前衝而不顧後路。人生創業非有強力衝勁不可，但那是一種有計畫，有準備的長跑，不會半路昏倒，也不會有人拉他後腿。因爲別人都在幫他準備，給他加油。

我國的步兵操典指示班攻擊要「進、打、攻、衝、追」，若運用這種排山倒海的攻勢，事前的準備更要周密。如何進？如何打？如何攻？如何衝？如何追？小戰鬥如此，大戰役更如此。應用於人生處事，則莫此爲甚，否則將會敗得很慘，甚至一敗不起。

所以孔明又說：「善敗者不亡」。這就是更高深的「準備工夫」了，我們試想，打仗本來就要準備打贏，但孔明認爲戰爭不僅要擬訂可以致勝的作戰計畫，而且要擬訂「戰敗計畫」，以應付萬一打敗仗，要能減低傷亡，且要敗得「光榮」，更高的境界是敗得不亡。我們如何可以學到戰敗了而不亡，諸君想想。

有一句話說「兵來將擋，水來土淹，船到橋頭自然直。」或許這是從不做任何準備的人，應付每件事的態度吧！想必臨事必定一團亂，慘敗！

「失敗是成功之母」是從失敗中學得經驗，以免下回重蹈覆轍，這並不是好的成

功方法。孫子兵法說：「故善戰者，立於不敗之地，而不失敵之敗也。是故勝兵先勝而後求戰，敗兵先戰而後求勝。」勝利是因事前的準備足以打勝仗，才開始作戰；失敗是已經打仗，然後才找如何打勝仗的方法。事情未開始之前，就著手準備，讓他連失敗的機會都沒有不是更高明嗎？

古有明訓「不備不虞，不可以師」。所以說有備才能無患，是一點不錯的。人生漫長數十年，不準備無計畫可能會浪費掉整個生命。當你「哇」地一聲來到世上，父母親要爲你的成長和教育做準備，使你成有用之材。長大後自己要計畫如何研究更高深學問，如何服務社會，報效國家，或者何時完成終身大事，投身何種事業。這一連串的數十年，有備與無備有天壤之別。不斷在做準備的人，必不斷有收穫，成功是可以預見的；凡事不準備，碰運氣，最後大多一無所有。

你知道嗎？一代艷姬——崔苔菁，她母親從三歲開始便有計畫的培養。

（本文作於民六十八年）

靈活應變

拿破崙說過「戰機如窈窕淑女，稍縱即逝」。

在這人生的戰場上，忽而河東，忽而河西，白雲蒼狗，變化莫測。人要在這不斷運轉的軌道上，把握一個機運，一擊成功，談何容易？

現代社會有許多嚴格的法律，嚴密的組織。你想要不違背律法，而像孫悟空一樣七十二變，不受制於天地去揮發你全部才能，建立事業王國，談何容易？

我們且把人生戰場比喻成一枝槍，要射擊三百公尺外的一個飛行目標。有人把前置量、氣流、機械誤差、人爲誤差都加入，所以一擊成功，有人不知，百發不中。有時那飛行物體根本不等速前進，所以出擊的時間要重新計算，這就是機運。機運者，機會在運轉也。戰場和人生一樣，要隨時改變自己的位置和態勢，要隨時改變本身的編組和計畫。

孫子說：「聲不過五，五聲之變，不可勝聽也。色不過五，五色之變，不可勝觀也。味不過五，五味之變，不可勝嘗也。戰勢，不過奇正，奇正之變，不可勝窮也。」

這就告訴人們，如果只一成不變地守著兩條公式，在人生旅程上會敗得很慘，要會變化，不要被組織僵硬。又說：「形兵之極，至於無形。無形，則深間不能窺，智者不能謀。」無形時，則能先期算人，而不爲人算。

不論戰爭與人生，沙場和旅程，要把握形於無窮的道理，會得到許多成功的捷徑。敵靜我動，敵動我變，敵變我瞬息萬變。所以兵形象水，在任何地形都可改變自己的流動方式。俗語說：「大丈夫可伸可縮」，這伸縮之間的尺度就是因勢而變，不能變者，非大丈夫也；非大丈夫者，小人也。不知變通順勢，終究會一事無成，難成氣候。

秦始皇屬下的兵法家尉繚認爲，戰備最重要是確立法制，以及軍紀嚴明，才能一聲下令，衝鋒陷陣。從古至今的兵法家都以爲帶兵要嚴，這是鐵則，是否和「兵形象水」發生衝突？答案是否定。這嚴密的組織和千變萬化的用兵實際上並無矛盾之處。讓我們用唐太宗與部將李靖的對話做說明。

太宗問：「用兵有時要分散，有時要集合；只須運用得當。以往昔戰史來說，誰最擅長？」

李靖回答：「五胡十六國的苻堅，率領百萬大軍，淝水一戰，被謝玄以八千人擊潰；這是死守組織而不知變化，所以失敗。漢武帝屬下的名將吳漢，在伐蜀時與公孫述戰，他與副將劉向相距二十里分別佈陣，夾擊公孫述，將之擊潰；這是能掌握組織，發揮組織功能，運用變化，所以打勝」。

由此可知，戰場的戰機雖是稍縱即逝，只要能運用組織和變化，勝利的可能性還是很高；人生雖是白雲蒼狗，但做人處事只要能運用變化，極動即靜，即可坐觀天下。美樂聽不盡，美味嘗無窮，享受美麗人生。能坐觀天下，則可冷靜擇主，發展抱負；進而打下屬於自己的天下，品嘗成功的滋味。

商場一如戰場，都有許多意外劇變。如天然災害，如人爲災難，或世界景氣，或一時週轉不靈，或將被拖垮。如事前的準備已不足以應付，應迅速靈活採取辦法，注意鎮靜、沉著、機警與處變不驚。對所要採取的計畫或組織愈是簡單愈好，富於彈性易行。只有靈活斷然，才能主動應變，使損失減至最小程度。

姜太公曰：「分不分爲縻軍，聚不聚爲孤旅。」

這是最好的結語。說得明白些，不知運用變化來對付瞬息萬變的人生，這是被一些規律所困死，消失活力；不懂組織，造成組織混亂，散漫無章，力量分散，當然也無成功勝利的機會。

（本文作於民六十七年）

（二〇〇七年春補記：這篇文章大約寫於民國六十幾年，當時的教育要人守法守紀守分守規定，認為這是一種美德，靈活應變只是做人做事的彈性，尤其商場、戰場最需要制變用變，應付各種變化。雖然講求千變萬化，但不表示任何人可以玩弄法律，違法亂紀，可以破壞共同的遊戲規則，沒有了遊戲規則就全都亂了。

三十多年後的公元二〇〇〇年，我看到一個無法無天的團體，他們沒有憲法，沒有法律法治，這是獨派和民進黨等一票人，他們玩的是戰爭遊戲。既然是戰爭，那麼所有的作弊、作假、違法都成了合理行為，「三一九」是此種遊戲的經典作品，「瞞天過海」不算犯法，「偷樑換柱」不算違憲，「五鬼搬運」不算貪污，國民黨那些書呆子那裡是對手？叫他們去高中教公民與道德吧！

另一個陣營，我看到國民黨那票人，守著法律法治，講著合法程序，心懷仁義道德，黨主席馬英九的特支案被自己訂的規則綁死。國民黨這些人和五十年前一樣，不知靈活變通，秀才如何鬥得過土匪？）

「人是神」——人為一切的主宰

在這世界上，包括地球以外的其他任何地方，所有的動物比較起來，人是最聰明的一種，至少到目前還無法否定。所以人是一切的主宰者。

自從有了人開始，便有了一切。有藝術，有事物，有戰爭，萬事萬物皆由人而明朗化。舉世若無人，衆生恢復原始，歸入沉寂，無愛無恨，當然也就沒有戰爭這件事的發生。

戰爭，因人而起，因人而勝，因人而敗。但是這個道理現代還有人不明瞭。他把自己的身價和能力降低了，想用人以外的力量來取得戰果；或是用非人的力量來武裝自己，例如，古今以來有人用裝神弄鬼，有用人以外的動物（如火牛陣）取勝，背後仍是人在操弄。

尉繚子有個比喩：有城池一座，從東西方攻不進，由南北也拿不下，難道是星象方位之差嗎？乃是城高池深，裝備精良，糧秣充實，守軍英勇之故。若防禦陣地的各項配備不見完整，早已城破就降了。由此可知，相信星象時辰不如盡人事。

這個兩千多年前的比喻，已經告訴我們要破除迷信，戰爭的勝敗都是人為因素，都是雙方人馬在較量知慧、謀略和意志力，和鬼神無關。

根據星象的說法：「背水布陣為絕地，面向山坡佈陣是廢陣。」可是武王伐紂時，背濟水而面對山坡配備陣地，竟以寡擊衆，滅了商朝，難道紂王佈陣不合星象嗎？

還有楚國將軍公子心，與齊人交戰時出現彗星，星的柄指向齊國，照星象說法齊應得勝。公子心卻說：「彗星無知，如果依據彗星，就用柄打仗，才能取勝。」次日與齊交戰，徹底將其擊潰。

黃帝說：「依賴神明，不如盡自己智慧。」所以，星象者，人事而已。

作事和作戰相同，不要用無根據的徵兆來判斷吉兇；不要被無知的迷信蒙弊了智慧。人之所以被譽成「萬物之靈」，就有他無法被否定的價值——能力和智慧。不然他不能活躍世界三百萬年而無出其右者。你要相信自己。

孟子名言：「天時不如地利，地利不如人和。」聖人所重視的，也就是人事的問題了。能人和，不必顧慮吉凶就能事事順利，不必祭拜便有平安詳和。

如果你凡事都要占卜問卦，看風水地理，你是個愚笨的人，因為你喪失了做為一個人的「自我」。事事都要去問神，問上帝，人是否還有獨立自主的判斷力？

如果你不去相信鬼神，你是個清醒聰明的人，知道「割蓆而坐」免受影響，正是孔子所說：「敬鬼神而遠之」。

另有一種人在左右鬼神，運用時辰，就是孫子所謂的「上不制於天」的人，估且稱之智者或高人吧！「田單復國」這段戰史中，田單以一人裝神，跪拜祭祀。這就是高人智慧的運用，更具戰略戰術的價值。

當然，日常生活中我們大可不必花太多腦筋去設法運用神明的力量或假借卜卦做輔助。但是，身爲一個領導人員就有參考的價值，因爲你想要追求更高的成功。除此之外，我們要體認兩種觀念：

你要做自己的主人。

相信自己，依賴就永遠站不起來。

漫長的旅程，有迎接不完的戰場。相信自己可以產生信心和力量，掌握主動，制敵先機；依賴易造成被動，成了人家手掌上的玩物。受制於人，而不利人，你只是一個讓別人產生警惕，得到經驗的犧牲品——失敗者；也只是給將來的人當做教育器材而已。

孫子兵法虛實篇說：「兵無常勢，水無常形，能因敵變化而取勝者，謂之神。」

所以，眞正的神就是人，一般宗教信仰上的「神」，只是人所創造出來「自己的樣子」。

（本文作於民六十六年）

後記

孫子、吳子、孔明、尉繚子、田穰苴、李衛公都是我國古代兵法家，而姜太公和黃石公更是具有神祕傳奇色彩的兵法家。

孫子就是孫武，春秋時代齊國（現在山東省）人，約與孔子同時代。著有「孫子兵法十三篇」，是我國最古老的兵書，研究戰爭原則之經典。現代中外軍事家都極力推崇這部兵書，尊爲「百代談兵之鼻祖」。

吳子就是吳起，戰國初期衛國（河南省）人，距今約二千四百年。當過楚國宰相，「吳子」與「孫子」通常拼稱「孫吳兵法」。不過歷史上對吳起的人品評價不佳，他「爲了出世，母喪不奔，殺死妻子」，又「史記」記載：「吳起刻薄殘暴，因而自取滅亡。」綜觀他的一生，充滿著悲劇與戲劇，惟在兵法上受到後世重視，且是武力統一中國的先行者。

孔明，就是諸葛亮，乃老嫗幼子都知道的人物。「三國演義」一書更是把他寫得出神入化，是三國時代南陽（四川省）人，一生爲劉備效命。諸葛兵法特重謀略奇兵

之運用。

尉繚子是秦始皇屬下的兵法家，也是鬼谷子的弟子。現存「尉繚子」祇有二十四篇，他是一位人本主義者，不講謀略詐欺之戰術，專講正攻戰法。

田穰苴是春秋戰國時代齊景公的大司馬（軍事長官），故其兵法稱做「司馬法」，現存祇有五篇，以格言方式寫成。

李衛公就是李靖，曾輔佐唐太宗掃平群雄。在我國民間小說戲劇上也是一位知名度頗高的人物，他與唐太宗有關兵法的談話就是「李衛公問對」。

姜太公就是周代建國大功臣太公呂望，即呂尙，民間小說稱「姜子牙」。「六韜」並非他所著，而是他那個時代借用他的聲望寫成的。所謂「六韜」就是文、武、龍、虎、豹、犬等六韜。韜是一種深藏不露的策略，也就是六種用兵的計謀。

傳說姜太公在草叢中釣魚，邂逅到周文王，二人結爲好友。後成文王四友之一，武王尊爲師尙父。武王滅紂，多出自他的策劃，是當時的戰略戰術專家。

黃石公，就是漢代開國著名軍師張良逃亡到下邳之地時，在橋上碰到的那位褐衣老人，他故意把鞋子丟到橋下，叫張良撿起來。據說「三略」就是這位老人的著作，所謂「三略」乃上略、中略、下略三篇。

傳說「三略」也是姜太公的兵書，已無可考。

中華民族上下五千餘年，縱橫一千餘萬公里的土地上，在這廣闊漫長的時空中，出產了許多文化經典，兵法為其中之一。處此國際亂世，中國崛起，吾輩青年有詳研中國兵法之必要。（二〇〇七年春後記）